RECETAS DEL CHEF

SIN GLUTEN

Platos fáciles y sabrosos para el cocinero moderno

Bath · New York · Cologne · Melbourne · Delhi
Hong Kong · Shenzhen · Singapore

ÍNDICE

INTRODUCCIÓN

Abandonar el gluten, por el motivo que sea, no tiene por qué resultar abrumador. Existen muchísimas opciones para comer sin gluten, ya sea mediante una amplia gama de alternativas o gran parte de los alimentos que uno ya consume a diario. Si le preocupa perderse sus comidas favoritas, haga a un lado esos pensamientos: aquí encontrará recetas tan variadas como deliciosas.

El motivo más común para adoptar una dieta sin gluten es la celiaquía, que es una intolerancia total al gluten, una proteína presente en el trigo, el centeno, la cebada y la espelta. Los celíacos pueden sufrir consecuencias incluso por consumir una cantidad ínfima de gluten, así que es crucial que lo eviten a toda costa.

Pero la celiaquía no es la única razón por la que mucha gente decide, hoy en día, eliminar el gluten de su dieta. Algunas personas tienen una intolerancia menor al gluten y dicen sentirse mucho mejor al adoptar una dieta sin gluten, ya que experimentan niveles mayores de energía y resistencia.

En los últimos años, ha crecido notablemente la conciencia y la promoción en los medios de los posibles beneficios de salud que ofrece una dieta sin gluten. Además, ha mejorado muchísimo la variedad y la calidad de las comidas y los ingredientes disponibles. Las alternativas sin gluten que ofrecen los restaurantes son mucho más tentadoras que antes. Y, para comodidad de los celíacos, numerosos establecimientos usan símbolos en los menús para identificar las comidas sin gluten. Del mismo modo, muchos supermercados tienen secciones exclusivas de alimentos sin gluten, como harina y pasta.

Si decide adoptar una dieta sin gluten, el primer paso es saber qué comidas e ingredientes le causarán problemas. El trigo, la cebada, el centeno y la espelta son los componentes obvios que se deben evitar, y al menos uno de estos granos suele estar presente en muchos cereales, pastas, y productos de panadería y repostería. El cuscús, el bulgur, la sémola, el farro, el kamut y el triticale también contienen gluten, al igual que otros cereales menos comunes. La avena no contiene gluten, sino una proteína similar, pero suele resultar contaminada en los establecimientos que procesan otros granos, así que busque los paquetes con la etiqueta «sin gluten».

Evitar los productos rebozados en harina o pan rallado. Además, los embutidos, como las salchichas, suelen contener trigo u otros cereales. Las salsas y los condimentos, como la salsa de soja, la mostaza o incluso el concentrado de tomate, pueden incluir gluten. Los postres y rellenos preparados pueden dar problemas, y algunos yogures se espesan con trigo o gluten, así que preste atención. También procure no consumir cerveza, agua de cebada ni leche malteada. Si tiene dudas sobre algún alimento o bebida, no lo compre. Es posible que encuentre algunos productos con la etiqueta «sin trigo», pero esto no garantiza que estén libres de gluten.

Las personas que sufren celiaquía o que tienen una elevada intolerancia al gluten deben aprender a manipular los alimentos y a tomar precauciones para evitar la contaminación cruzada. Si comparte la cocina con consumidores de gluten, asegúrese de mantener la limpieza de las cazuelas, las sartenes, los utensilios y las superficies de trabajo. No comparta la tostadora, las paneras, la freidora, las tablas de cortar o el robot de cocina con alguien que consuma gluten, y siempre selle bien los alimentos que guarda en el frigorífico o la alacena. Tenga cuidado con la mermelada u otros productos con los que se haya untado pan normal, ya que los tarros pueden contener migajas.

Si bien los ingredientes que debe evitar son muchos, se sorprenderá por la cantidad de alimentos que no contienen gluten de forma natural. Algunos ingredientes básicos, como el arroz; las frutas y hortalizas; el pescado y marisco; la carne de pollo, vaca y cerdo; los productos lácteos; las legumbres y los frutos secos se pueden usar para elaborar una gran variedad de platos sin la necesidad de utilizar sustitutos sin gluten de otros alimentos.

Además, la mayoría de los supermercados ofrecen sustitutos de todo tipo de ingredientes, así que puede seguir deleitándose con sus platos favoritos de siempre, como la pasta, el pan y muchos más, que han sido modificados para lograr una alternativa sin gluten. Por lo general, estas variantes se utilizan de la misma manera que sus versiones normales. Para preparar un desayuno saludable, por ejemplo, puede usar pan sin gluten y aguacate, como se muestra en Tostadas con aguacate y semillas de cáñamo (*véase* pág. 35).

También puede usar los ingredientes sin gluten y redefinirlos para crear alternativas saludables. Por ejemplo, corte tiritas de calabacín para reemplazar los espaguetis. Puede encontrarlo en Pavo al tamarindo con espaguetis de calabacín (*véase* pág. 142). O triture ramitos de coliflor en el robot de cocina hasta obtener «granos» para elaborar una alternativa rápida al cuscús.

En cuanto a la panadería sin gluten, hay muchos productos alternativos a la venta, pero la producción propia siempre es mucho más satisfactoria. Con un enfoque diferente y algunos ingredientes y harinas alternativos, hará postres y productos de repostería que lo llenarán de orgullo. Con un poco de práctica, tendrá la confianza necesaria para preparar dulces exquisitos.

Gracias a todas las recetas deliciosas e innovadoras que encontrará en este libro, nadie sentirá que se pierde algo, aun si un solo miembro de su familia es intolerante al gluten. ¡A cocinar!

CAPÍTULO UNO

DESAYUNO

TRIGO SARRACENO
CON FRUTA

RACIONES: *4* | **PREPARACIÓN:** *20-25 min, más enfriado* | **COCCIÓN:** *ninguna*

INGREDIENTES

150 g/¾ de taza generosa
  de trigo sarraceno (alforfón)
500 ml/2 tazas de agua fría
400 g/1¾ tazas de yogur de coco
  sin lactosa
la ralladura y el zumo (jugo)
  de 1 naranja
3 cucharadas de bayas de Goji
100 g/¾ de taza de frambuesas
1 manzana Granny Smith sin
  el corazón y en dados
1 cucharada de pipas de calabaza
  (semillas de zapallo anco)
la pulpa de 2 maracuyás
  sin las semillas
2 cucharaditas de canela molida
½ cucharadita de cúrcuma molida
los granos de 1 granada
2 cucharadas de sirope de agave

1. Lave el trigo sarraceno, enjuagándolo tres veces con agua fría.
Póngalo en un bol con el agua fría y déjelo 30 minutos en remojo.

2. Escúrralo de nuevo y déjelo reposar 36 horas a temperatura
ambiente en un germinador de semillas o en un colador encima de
un bol. Enjuáguelo una vez más si los granos quedaran pegajosos.

3. Enjuague y escurra el trigo sarraceno y repártalo en 4 cuencos.
Distribuya el yogur entre los cuencos, esparza el resto de los
ingredientes por encima y sírvalo.

MACEDONIA CON PASAS, PIPAS Y ANACARDOS

RACIONES: *2* | **PREPARACIÓN:** *10 min, más refrigeración (opcional)* | **COCCIÓN:** *ninguna*

INGREDIENTES

2 peras de postre maduras

2 manzanas verdes, como Granny Smith

1 plátano (banana) grande, pelado y troceado

75 ml/⅓ de taza de zumo (jugo) de manzana

el zumo (jugo) de ½ limón

2 cucharadas de pasas sultanas

2 cucharadas de anacardos (castañas de cajú, nueces de la India)

1 cucharada de pipas (semillas) de girasol

1 cucharada de azúcar

½ cucharadita de canela molida

1 cucharada de alquequenjes (uchuvas)

1 cucharada de arándanos rojos

1. Descorazone 1 pera y 1 manzana y trocéelas. Ponga los trozos en un bol junto con ½ plátano y rocíe la mitad del zumo de manzana y del zumo de limón por encima. Remuévalo bien.

2. Descorazone la manzana y la pera restantes, pélelas y trocéelas. Échelas en la batidora con la otra mitad del plátano.

3. Ponga el resto de los zumos en la batidora junto con las pasas sultanas y los anacardos, y tritúrelo bien.

4. Vierta la mezcla triturada sobre la fruta troceada y agregue las pipas, el azúcar y la canela. Reparta los alquequenjes y los arándanos por encima. Refrigérelo o sírvalo enseguida.

GACHAS DE QUINOA
CON PLÁTANO CARAMELIZADO

RACIONES: *2* | **PREPARACIÓN:** *5 min* | **COCCIÓN:** *25 min*

INGREDIENTES

400 ml/1⅔ tazas de leche de coco

¼ de cucharadita de nuez moscada
molida

½ vaina de vainilla abierta

100 g/⅔ de taza escasa de quinoa

1½ cucharadas de miel fluida

1 plátano (banana) grande

25 g/1½ cucharadas
de mantequilla sin sal

25 g/2 cuharadas de azúcar
moreno fino

1 pizca de sal

25 g/⅓ de taza de copos de coco
tostados

1 cucharada de semillas de sésamo
tostadas

1. Vierta 300 ml (1¼ tazas) de leche de coco en un cazo y caliéntela a fuego lento. Añada la nuez moscada y la vaina de vainilla, y llévelo a ebullición. Eche la quinoa, deje que rompa de nuevo a hervir y cuézalo entre 10 y 15 minutos.

2. Baje el fuego, incorpore la miel y prosiga con la cocción 5 minutos más. Aparte el cazo del fuego y retire la vainilla. Incorpore la leche restante, tape el cazo y déjelo reposar. Mientras tanto, corte el plátano por la mitad a lo largo y luego corte los trozos también por la mitad a lo largo.

3. En una sartén, caliente a fuego medio-fuerte la mantequilla con el azúcar y la sal hasta que empiece a espumar. Eche el plátano y fríalo por ambos lados 3 o 4 minutos o hasta que empiece a dorarse y se caramelice.

4. Reparta las gachas entre 2 cuencos y disponga encima el plátano, el coco y el sésamo. Sírvalo enseguida.

YOGUR CON BAYAS
Y COPOS CRUJIENTES

INGREDIENTES

*75 g/½ taza escasa de copos de
arroz, mijo o trigo sarraceno
(alforfón), o una combinación
de varios*

4 cucharadas de miel fluida

*500 g/2 tazas de yogur griego
natural*

la ralladura fina de 1 naranja

*225 g/1¼ tazas de bayas variadas
a medio descongelar, y unas
cuantas más para adornar*

1. Caliente una sartén a fuego medio y tueste los copos 1 minuto, agitando la sartén. Añada la mitad de la miel y remueva para que los copos queden bien recubiertos. Prosiga con la cocción, sin dejar de remover, hasta que los copos queden dorados y crujientes.

2. Ponga el yogur en un bol e incorpórele la miel restante y la ralladura de naranja. Con cuidado, añádale las bayas, reservando algunas para adornar. Déjelo reposar de 10 a 15 minutos para que las bayas suelten su jugo y vuelva a remover de modo que se formen unos remolinos de color.

3. Para servirlo, extienda una capa de copos en 4 vasos y ponga encima una capa de yogur con bayas. Añada otra capa de copos y luego otra de yogur. Adórnelo con las bayas reservadas.

MUESLI CON MANZANA, ZANAHORIA Y BAYAS DE GOJI

RACIONES: *4* | **PREPARACIÓN:** *15 min, más refrigeración* | **COCCIÓN:** *ninguna*

INGREDIENTES

125 g/¾ de taza de copos de trigo sarraceno (alforfón)

1 zanahoria rallada

2 manzanas rojas

150 ml/⅔ de taza de zumo (jugo) de manzana

150 ml/⅔ de taza de leche de almendra

1½ cucharada de bayas de Goji deshidratadas

2 cucharadas de avellanas picadas

2 cucharadas de orejones de albaricoque (damasco) picados

1½ cucharadas de pistachos pelados

1 cucharada de pipas (semillas) de girasol

1. Ponga los copos de trigo sarraceno y la zanahoria en un bol grande. Descorazone, pele y pique 1 de las manzanas, y échela en el bol. Remueva bien. Vierta el zumo de manzana, la leche de almendra y 1 cucharada bayas de Goji. Tápelo y déjelo en el frigorífico toda la noche.

2. Por la mañana, añada las avellanas al muesli. Descorazone, pele y pique la manzana restante.

3. Reparta el muesli entre 4 cuencos y esparza por encima la manzana, las bayas de Goji restantes, los orejones, los pistachos y las pipas de girasol. Sírvalo enseguida.

COPOS CON BAYAS
Y FRESAS

RACIONES: *1* | **PREPARACIÓN:** *5 min, más refrigeración* | **COCCIÓN:** *ninguna*

INGREDIENTES

40 g/7 cucharadas de copos
de avena sin gluten
½ cucharada de linaza molida
½ cucharada de asaí en polvo
2 cucharaditas de bayas de Goji
1 cucharada de almendra
laminada
½ cucharadas de miel fluida
125 ml/½ taza de leche
de almendra
2 arándanos (moras azules)
3 fresas (frutillas)

1. Eche los copos, la linaza, el asaí en polvo, las bayas de Goji, la mayor parte de la almendra, la miel y la leche de almendra en un tarro de entre 225 y 250 ml (1 taza) con tapa. Remueva bien.

2. Incorpore unos cuantos arándanos. Tape el tarro y déjelo toda la noche en el frigorífico.

3. Por la mañana, trocee las fresas. Reparta por encima de la preparación las fresas, y los arándanos y la almendra restantes.

COPOS DE AVENA CON CIRUELAS Y JARABE DE ARCE

RACIONES: *6* | **PREPARACIÓN:** *10 min, más remojo* | **COCCIÓN:** *35-40 min*

INGREDIENTES

*500 ml/2 tazas de
  leche semidesnatada
  (semidescremada)*
2 huevos
*35 g/2½ cucharadas de
  mantequilla sin sal, derretida,
  y un poco más para engrasar*
*60 g/4½ cucharadas de azúcar
  moreno*
75 ml/⅓ de taza de jarabe de arce
*4 ciruelas maduras, deshuesadas
  (descarozadas) y cortadas en
  8 trozos*
*1 manzana para cocinar grande,
  pelada y cortada en daditos*
*200 g/2¼ tazas de copos de avena
  sin gluten*
*1 cucharadita de levadura en polvo
  sin gluten*
1 cucharadita de canela
1 pizca de sal
50 g/½ taza de almendra laminada

1. Precaliente el horno a 180 °C (350 °F). Engrase la base de una fuente refractaria de 2 litros (8 tazas) de capacidad.

2. En un cuenco o una jarra, mezcle la leche, los huevos, la mantequilla derretida, 2 cucharadas de azúcar y el jarabe de arce.

3. Ponga la mitad de las ciruelas, los dados de manzana, los copos, la levadura, la canela, y la sal en la fuente. Mézclelo todo con las manos o con una cuchara grande.

4. Vierta con cuidado la mezcla de leche en la fuente y déjelo en remojo unos minutos.

5. Reparta por encima las ciruelas restantes, la almendra y el resto del azúcar.

6. Hornéelo entre 35 y 40 minutos, hasta que la leche se haya absorbido por completo. Sírvalo templado.

MAGDALENAS
DE ZANAHORIA Y NARANJA

UNIDADES: *12* | **PREPARACIÓN:** *20-25 min* | **COCCIÓN:** *20 min*

INGREDIENTES

300 g/2 tazas de una mezcla
* de harinas sin gluten*
4 cucharaditas de levadura
* en polvo sin gluten*
½ cucharadita de goma xantana
1 cucharadita de especias variadas
* molidas*
140 g/⅔ de taza de azúcar
* mascabado*
40 g/⅓ de taza de pipas (semillas)
* de girasol*
175 g/1¼ taza de zanahoria
* rallada*
la ralladura fina y el zumo (jugo)
* de 1 naranja pequeña*
2 huevos batidos
150 ml/⅔ de taza de leche
100 ml/7 cucharadas de aceite
* de girasol*
1 cucharadita de esencia
* de vainilla*

1. Precaliente el horno a 200 °C (400 °F). Coloque 12 moldes de papel en los huecos de un molde múltiple para magdalenas.

2. Tamice en un bol grande la harina, la levadura, la goma xantana y las especias. Incorpore el azúcar con 25 g (¼ de taza escasa) de pipas de girasol, la zanahoria y la ralladura de naranja.

3. Con un tenedor, bata el zumo de naranja, los huevos, la leche, el aceite y la esencia de vainilla, y viértalo en el bol de los ingredientes secos. Mézclelo hasta obtener una pasta espesa.

4. Páselo al molde y esparza las pipas de girasol restantes por encima. Hornee las magdalenas 20 minutos, o hasta que suban y se doren. Sírvalas templadas.

CREMA DE TOFU
Y MELOCOTÓN

RACIONES: *4* | **PREPARACIÓN:** *20-25 min* | **COCCIÓN:** *ninguna*

INGREDIENTES

*4 melocotones (duraznos)
o nectarinas deshuesados
(descarozados)*

*3 cucharadas de zumo (jugo)
de naranja*

*350 g/12 oz de tofu blando
escurrido*

2 cucharadas de jarabe de arce

*40 g/7 cucharadas de nueces
troceadas*

1 cucharada de azúcar demerara

1. Trocee los melocotones y tritúrelos con la batidora de brazo o el robot de cocina hasta obtener un puré homogéneo. Eche el zumo de naranja y tritúrelo de nuevo.

2. Con el robot de cocina o la batidora, triture el tofu hasta que quede homogéneo. Incorpore el jarabe de arce.

3. Ponga cucharadas alternas del puré de frutas y la mezcla de tofu en 4 vasos altos o platos individuales, y remuévalo superficialmente de modo que se forme un efecto marmolado.

4. Mezcle las nueces con el azúcar, dispóngalo por encima y sírvalo enseguida.

TORTITAS ESPONJOSAS CON ALMENDRAS Y ARÁNDANOS

UNIDADES: *12-14* | **PREPARACIÓN:** *20 min* | **COCCIÓN:** *15 min*

INGREDIENTES

5 huevos, con las yemas y las claras
separadas
175 g/1¼ tazas de harina sin gluten
1½ cucharaditas de levadura
en polvo sin gluten
1 pizca de sal
150 ml/⅔ de taza de
leche semidesnatada
(semidescremada)
aceite de oliva, para freír

PARA SERVIR

70 g/¾ de taza de almendra
laminada tostada
50 ml/3½ cucharadas de sirope
de agave
100 g/⅔ de taza de arándanos
(moras azules)

1. Mezcle las yemas de huevo con la harina, la levadura y la sal, e incorpore la leche.

2. Monte las claras de huevo, incorpórelas con suavidad a la mezcla anterior y remueva.

3. Caliente aceite en una sartén de base gruesa y, por tandas, eche la pasta a cucharadas. Déjela al fuego 1 minuto, o hasta que se empiecen a formar burbujas. Dele la vuelta con una espátula y hágala por el otro lado. Retire las tortitas de la sartén y déjelas en el horno para mantenerlas calientes hasta que esté listo para servirlas.

4. Sirva las tortitas templadas y cúbralas con la almendra, el sirope de agave y los arándanos.

CREPS
DE PLÁTANO

INGREDIENTES

*50 g/⅓ de taza de trigo sarraceno
(alforfón)*
50 g/⅓ de taza de harina sin gluten
1 pizca de sal
1 huevo grande poco batido
125 ml/½ taza de leche
125 ml/½ taza de agua
*40 g/2½ cucharadas de
mantequilla o margarina*

PLÁTANO AL JARABE DE ARCE

*40 g/2½ cucharadas de
mantequilla o margarina*
2 cucharadas de jarabe de arce
*2 plátanos (bananas) en rodajas
anchas al bies*

1. Tamice el trigo sarraceno, la harina y la sal en un bol. Haga un hoyo en el centro y eche el huevo batido, la leche y el agua. Con las varillas, mezcle gradualmente la harina con los ingredientes líquidos. Siga removiendo hasta obtener una pasta homogénea.

2. Derrita 25 g (1½ cucharadas) de la mantequilla en un cazo pequeño e incorpórela a la pasta. Eche la pasta en una jarra, tápela y déjela reposar 30 minutos.

3. Derrita la mantequilla restante en una sartén mediana. Cuando la sartén esté caliente, ponga la pasta justa para formar una crep fina, moviendo la sartén para lograr una capa uniforme.

4. Cueza uno de los lados hasta que quede apenas dorado, dele la vuelta con una espátula y cueza el otro lado. Deslícela a un plato precalentado y cúbrala con papel de aluminio mientras cocina las creps restantes, agregando mantequilla cuando sea necesario.

5. Limpie la sartén, eche la mantequilla y caliéntela hasta que se derrita. Vierta el jarabe de arce, añada los plátanos y déjelos en el fuego 2 o 3 minutos, o hasta que los plátanos comiencen a ablandarse y la salsa se haya caramelizado. Para servirlas, doble cada crep por la mitad dos veces y disponga el plátano encima.

GOFRES DE CHOCOLATE
CON FRAMBUESAS

RACIONES: *6* | **PREPARACIÓN:** *20 min* | **COCCIÓN:** *15-30 min*

INGREDIENTES

5 huevos grandes, con las yemas
y las claras separadas
1 pizca de sal
1 cucharada de cacao puro
en polvo
40 g/3 cucharadas de azúcar
50 g/3½ cucharadas de
mantequilla sin sal, derretida
y tibia
250 ml/1 taza de leche
semidesnatada
(semidescremada)
225 g/1½ tazas generosas
de harina sin gluten
aceite de oliva, para pintar

PARA SERVIR

150 g/1 taza escasa de yogur griego
natural
200 g/7 oz de frambuesas frescas
6 cucharadas de miel fluida

1. Para preparar esta receta necesitará una gofrera. En un bol, mezcle con una cuchara de madera las yemas de huevo con la sal, el cacao y el azúcar. Agregue la mantequilla y, sin dejar de batir, vierta la leche poco a poco hasta que quede bien incorporada. Añada la harina de forma gradual hasta obtener una pasta espesa.

2. En otro bol, monte las claras de huevo a punto de nieve e incorpórelas a la pasta, removiendo con suavidad.

3. Caliente la gofrera según las instrucciones del fabricante. Píntela con aceite y vierta un poco de la pasta, con cuidado de no llenarla demasiado. Cueza cada gofre 4 o 5 minutos y sírvalos adornados con el yogur griego, las frambuesas y la miel.

BATIDO ENERGÉTICO
CON MATCHA EN BOL

RACIONES: *1* | **PREPARACIÓN:** *5 min, más refrigeración opcional* | **COCCIÓN:** *ninguna*

INGREDIENTES

25 g/1 oz de espinacas

1 plátano (banana) pelado
* y troceado*

1 aguacate (palta) pequeño
* maduro pelado, deshuesado*
* (descarozado) y troceado*

2 kiwis pelados y cortados
* en rodajas*

125 ml/½ taza de leche
* de almendra*

1½ cucharada de miel fluida

1 cucharadita de té matcha soluble

½ cucharadita de trigo germinado
* en polvo sin gluten*

2 cucharaditas de almendra
* laminada, para adornar*

½ cucharadita de maca en polvo,
* para adornar*

1. Triture las espinacas, el plátano, el aguacate y 1 de los kiwis en la batidora con la mitad de la leche.

2. Incorpore la miel, el matcha, el trigo germinado y la leche restante, y tritúrelo en la batidora hasta obtener una mezcla homogénea. Ponga el batido en un bol. Si tiene tiempo, refrigérelo 1 hora.

3. Extienda el kiwi restante por encima y adórnelo con la almendra laminada y la maca en polvo.

BATIDO DE VAINILLA, ALMENDRA Y PLÁTANO

RACIONES: *2* | **PREPARACIÓN:** *5 min* | **COCCIÓN:** *ninguna*

INGREDIENTES

*225 ml/1 taza escasa de leche
de almendra*

*60 g/¼ de taza de crema
de almendra*

*1 plátano (banana) cortado
en rodajas*

*4 dátiles deshuesados
(descarozados)*

*1 cucharadita de esencia
de vainilla*

8-10 cubitos de hielo

1. Ponga la leche y la crema de almendra, el plátano, los dátiles, la esencia de vainilla y los cubitos de hielo en la batidora.

2. Tritúrelo a alta velocidad hasta obtener una mezcla homogénea.

3. Repártalo entre 2 vasos y sírvalo enseguida.

REVUELTO PICANTE DE FRÍJOLES
Y MAÍZ CON POLENTA TOSTADA

RACIONES: *2* | **PREPARACIÓN:** *20 min, más refrigeración* | **COCCIÓN:** *20 min*

INGREDIENTES
POLENTA TOSTADA

70 g/½ taza de harina fina de maíz
  (elote, choclo)
375 ml/1½ tazas generosas de agua
1 cucharadita de caldo vegetal
  en polvo sin gluten
1 cucharada de levadura
  nutricional
½ cucharadita de sal marina
aceite vegetal virgen extra,
  para pintar

REVUELTO DE FRÍJOLES Y MAÍZ

1 cucharada de aceite vegetal
  virgen extra
25 g/1 oz de cebolla roja picada
25 g/1 oz de pimiento (ají, morrón,
  chile) rojo dulce picado
1 diente de ajo picado
3 cucharadas de maíz (elote,
  choclo), cocido y enjuagado
3 cucharadas de fríjoles (porotos,
  alubias) cocidos y enjuagados
1 cucharadita de salsa de guindilla
  (ají picante, pimiento chico, chile)
  sin gluten
4 huevos batidos

1. Forre con papel vegetal una bandeja o un molde cuadrado de 15 cm (6 in).

2. Ponga la harina en una jarrita. Caliente el agua con el caldo en polvo y, cuando rompa a hervir, incorpore la harina de a poco, sin dejar de remover. Prosiga con la cocción a fuego fuerte 3 minutos, removiendo hasta que se espese. Baje el fuego, incorpore la levadura y la sal, y déjelo cocer a fuego lento, removiendo con frecuencia, hasta obtener una pasta bastante espesa.

3. Disponga la mezcla de harina en el molde preparado. Tápela con film transparente o papel de aluminio y refrigérela 2 horas o hasta que adquiera consistencia. Córtela en triángulos.

4. Para preparar el revuelto, caliente la mitad del aceite a fuego medio en una sartén pequeña. Rehogue la cebolla y el pimiento rojo 7 minutos o hasta que se ablanden. Incorpore el ajo, el maíz, los fríjoles y la salsa de guidilla, y prosiga con la cocción 1 minuto más. Resérvala caliente.

5. Caliente una plancha estriada o el gratinador a temperatura media. Pinte los triángulos de polenta con un poco de aceite y gratínelos hasta que estén dorados. Deles la vuelta para que se hagan por el otro lado.

6. Caliente el aceite restante a fuego medio en otra sartén pequeña. Eche los huevos y remueva de vez en cuando con una espátula o cuchara de madera hasta que estén revueltos. Incorpore la mezcla de fríjoles y sírvalo con la polenta tostada.

TOSTADAS CON AGUACATE Y SEMILLAS DE CÁÑAMO

RACIONES: *2* | **PREPARACIÓN:** *10 min* | **COCCIÓN:** *5-6 min*

INGREDIENTES

2 cucharadas de semillas
de cáñamo

2 aguacates (paltas) maduros
troceados

1 cucharada de zumo (jugo)
de limón

½ cucharada de aceite de oliva
virgen extra

1 diente de ajo grande picado

½ cucharadita de sal marina

½ cucharadita de pimienta

2 rebanadas gruesas de pan
integral sin gluten

½ guindilla (ají picante, pimiento
chico, chile) roja despepitada
(sin las semillas) y picada, para
adornar

1. Caliente una sartén pequeña antiadherente a fuego medio. Eche las semillas de cáñamo, tuéstelas 1o 2 minutos y resérvelas en un platito.

2. Ponga el aguacate en un bol grande. Añada el zumo de limón, el aceite, el ajo, la sal, la pimienta y 1½ cucharadas de las semillas de cáñamo tostadas. Remuévalo bien y luego cháfelo hasta que se forme un puré grumoso.

3. Tueste el pan integral y sirva el puré en la tostada, adornado con las semillas de cáñamo restantes y la guindilla picada.

TORTILLA DE PATATAS
Y SALCHICHAS

RACIONES: *4* | **PREPARACIÓN:** *20 min* | **COCCIÓN:** *35-40 min*

INGREDIENTES

4 salchichas sin gluten

aceite de girasol, para freír

4 patatas (papas) peladas,
* hervidas, enfriadas y en dados*

8 tomates (jitomates) cherry

4 huevos batidos

sal y pimienta (opcional)

1. Precaliente el gratinador a temperatura media-fuerte. Ponga las salchichas en una fuente refractaria forrada con papel de aluminio y gratínelas, dándoles la vuelta de vez en cuando, de 12 a 15 minutos, o hasta que estén hechas y doradas. Déjelas enfriar un poco y córtelas en trocitos.

2. Mientras tanto, caliente un poco de aceite a fuego medio en una sartén antiadherente de 25 cm (10 in) que pueda ir al horno. Rehogue la patata hasta que esté dorada y crujiente. Eche los tomates y rehóguelo 2 minutos más. Añada la salchicha y reparta bien todos los ingredientes en la sartén.

3. Si fuera necesario, añada un poco más de aceite. Salpimiente el huevo batido y viértalo sobre los ingredientes de la sartén. Cueza la tortilla 3 minutos, sin remover el huevo. Ponga luego la sartén bajo el gratinador y acabe de hacer la tortilla 3 minutos, o hasta que cuaje por arriba. Córtela en triángulos y sírvala.

TORTILLA DE PATATA
CON CEBOLLA Y QUINOA

RACIONES: *4* | **PREPARACIÓN:** *15 min* | **COCCIÓN:** *1 h*

INGREDIENTES

4 cucharadas de aceite de oliva

2 cebollas grandes partidas por la mitad y después en rodajas finas

125 ml/½ taza de agua

50 g/¼ de taza de quinoa roja enjuagada

700 g/1 lb 9 oz de patatas (papas) mantecosas peladas, partidas por la mitad y en rodajas finas

9 huevos

½ cucharadita de orégano

½ cucharadita de sal

½ cucharadita de pimienta

1. Caliente el aceite en una sartén y rehogue la cebolla a fuego medio-lento 25 minutos, hasta que esté tierna y dorada. Retírela de la sartén escurriéndola y reserve el aceite.

2. Mientras tanto, ponga en un cazo la quinoa con el agua y llévelo a ebullición. Tápelo y cueza la quinoa a fuego mínimo 10 minutos, o hasta que absorba casi todo el líquido. Aparte el cazo del fuego, pero déjelo tapado 10 minutos para que la quinoa se hinche. Ahuéquela con un tenedor.

3. Mientras tanto, cueza la patata en una vaporera 8 minutos, hasta que empiece a estar tierna. Séquela con un paño de cocina limpio.

4. En un bol, bata los huevos con el orégano, la sal y la pimienta. Incorpore la cebolla, la patata y la quinoa.

5. Precaliente el gratinador a temperatura media-fuerte. Caliente el aceite reservado en una sartén antiadherente honda de 25 cm (10 in) de diámetro que pueda ir al horno. Vierta la mezcla de huevo, tape la sartén y cueza la tortilla a fuego medio-lento 15 minutos. Ponga luego la sartén bajo el gratinador y cueza la tortilla 5 minutos, o hasta que cuaje por arriba.

6. Vuélquela en un plato, córtela en triángulos y sírvala enseguida.

TORTITAS
DE PATATA

RACIONES: *4* | **PREPARACIÓN:** *20 min* | **COCCIÓN:** *20-25 min*

INGREDIENTES

*115 g/4 oz de puré de patata (papa)
casero frío*
200 ml/¾ de taza generosa de leche
75 g de harina de fuerza sin gluten
1 pizca de sal
1 huevo batido
aceite de girasol, para freír

PARA SERVIR

*8 lonchas (lonjas) de beicon
(panceta, tocino) de buena
calidad, fritas hasta que estén
crujientes*
1½ cucharadas de jarabe de arce

1. Triture el puré de patata y la leche en la batidora o el robot de cocina hasta obtener un puré homogéneo.

2. En un bol, tamice la harina y la sal, haga un hoyo en el centro y eche el huevo batido y el puré de patata. Con unas varillas, mezcle poco a poco la harina con los ingredientes líquidos hasta obtener una pasta suave y espesa.

3. Caliente un poco de aceite en una sartén antiadherente. Eche 1 cucharada de pasta en la sartén para cada tortita. Es probable que quepan 3 juntas en la sartén. Fría las tortitas 2 minutos por cada lado hasta que estén doradas. Resérvelas calientes mientras prepara las demás.

4. Reparta las tortitas en 4 platos precalentados, corone cada ración con 2 lonchas de beicon y rocíelo con jarabe de arce.

HUEVOS ESCALFADOS
CON TOMATE Y PIMIENTO ROJO

RACIONES: *3-4* | **PREPARACIÓN:** *20 min* | **COCCIÓN:** *30-35 min*

INGREDIENTES

2 cucharadas de aceite de oliva

1 guindilla (chile, ají picante,
pimiento chico) roja, despepitada
(sin las semillas) y picada

1 cebolla picada

3 pimientos (ají, morrón, chile) rojos
despepitados (sin las semillas)
y en juliana

4 dientes de ajo picados

1 cucharadita de comino molido

1 cucharadita de cúrcuma molida

¼ de cucharadita de azafrán

400 g/1¾ tazas de tomate
(jitomate) troceado en conserva

3 huevos

2 cucharadas de perejil picado,
para adornar

4 cucharadas de yogur natural,
para servir

1. Caliente el aceite en una sartén honda con tapadera y eche la guindilla y la cebolla. Saltéelo 2 o 3 minutos, hasta que la cebolla empiece a ablandarse. Añada los pimientos rojos, el ajo, el comino, la cúrcuma y el azafrán, y déjelo freír, con la tapadera, de 10 a 12 minutos o hasta que los pimientos se ablanden pero sin dejar que se doren.

2. Eche el tomate en la sartén y prosiga con la cocción 8 minutos más, sin la tapadera, hasta que la mezcla empiece a espesarse.

3. Con una cuchara, haga tres huecos en la mezcla y eche un huevo en cada uno. Si está usando una sartén pequeña, haga un agujero y use un huevo por ración. Es posible que la clara de huevo se desparrame por la superficie de la mezcla. Tape la sartén y prosiga con la cocción unos 10 minutos, hasta que las yemas empiecen a cuajar.

4. Sírvalo enseguida, adornado con perejil y un poco de yogur.

CAPÍTULO DOS

GUARNICIONES Y APERITIVOS

ASADO INVERNAL
DE CEBOLLA Y TUBÉRCULOS

RACIONES: *4* | **PREPARACIÓN:** *15 min* | **COCCIÓN:** *45 min*

INGREDIENTES

2 cebollas rojas en cuartos (unos
  200 g/7 oz)
6 chalotes (echalotes, escalonias)
  pequeños
200 g/7 oz de chirivías (pastinacas)
  en bastoncillos gruesos
200 g/7 oz de boniatos (papas
  dulces, batatas) en tiras gruesas
200 g/7 oz de ñames en bastoncillos
  gruesos
150 g/5½ oz de aguaturmas
  (batatas de caña, cotufas,
  patacas) raspadas y partidas
  por la mitad
8 dientes de ajo grandes sin pelar
1 cucharada de aceite vegetal
1 cucharada de zumo (jugo)
  de lima (limón)
1 cucharadita de sal
pimienta (opcional)

1. Precaliente el horno a 190 °C (375 °F). Ponga la cebolla y los chalotes en una fuente para el horno.

2. Añada la chirivía, el boniato, el ñame, la aguaturma y los ajos.

3. Rocíelo con el aceite y el zumo de lima. Salpimiente si lo desea y remueva para que las hortalizas queden bien untadas con el aceite y el zumo.

4. Hornéelo 20 minutos. Deles la vuelta a las hortalizas con una espátula y hornéelas 25 minutos más o hasta que estén hechas y doradas. Los dientes de ajo quedarán muy tiernos; si lo desea, extraiga la pulpa una vez asados y mézclela con el jugo de cocción y un poco de agua. Sírvalo enseguida.

ENSALADA
DE PATATA

RACIONES: *4* | **PREPARACIÓN:** *5-10 min, más reposo* | **COCCIÓN:** *25-30 min*

INGREDIENTES

500 g/1 lb 2 oz de patatas (papas)
nuevas sin pelar
5 cebolletas (cebollas tiernas
o de verdeo)
1 puñado de hojas de menta
1 puñado de hojas de perejil
sal (opcional)

ALIÑO

4 cucharadas de aceite vegetal
virgen extra
1 cucharada de vinagre de vino
blanco
1 cucharadita de azúcar
1 cucharadita de mostaza francesa
sin gluten
sal y pimienta (opcional)

1. Ponga las patatas en una olla con agua a fuego medio-fuerte y, si lo desea, agregue sal. Lleve el agua a ebullición y cueza las patatas a fuego lento unos 20 minutos o hasta que estén tiernas.

2. Mientras tanto, corte la cebolleta en rodajas, dejando la mayoría de la parte verde, y pique la menta y el perejil. En un bol, mezcle bien el aceite, el vinagre, el azúcar, la mostaza y, si lo desea, sal y pimienta.

3. Escurra las patatas, échalas en la olla y vuelva a ponerlas sobre el fogón apagado 1 minuto para que se evapore el agua que haya quedado.

4. Ponga las patatas aún calientes en un bol y trocéelas. Añada la cebolleta, las hierbas y el aliño, y remueva bien. Tápelo y déjelo reposar 1 hora antes de servirlo para que las patatas absorban el aceite y los sabores.

FOCACCIA
DE TOMATE

UNIDADES: *1* | **PREPARACIÓN:** *25 min, más leudado y enfriado* | **COCCIÓN:** *25-30 min*

INGREDIENTES

3 cucharadas de aceite de oliva,
y un poco más para pintar
200 g/1¼ tazas de harina de trigo
sarraceno (alforfón)
200 g/1¼ tazas de harina de patata
200 g/1¼ tazas de harina de arroz
2 cucharaditas de goma xantana
7 g/1 cucharadita de levadura
instantánea sin gluten
1½ cucharaditas de sal
½ cucharadita de comino en grano
negro
40 g/1½ oz de tomates (jitomates)
secados al sol picados
600 ml/2½ tazas de agua templada
1 huevo pequeño batido
2 dientes de ajo en láminas
hojitas de orégano fresco

1. Pinte con aceite una fuente de horno de 33 x 23 cm (13 x 9 in). Tamice en un bol los tres tipos de harina, la xantana, la levadura, la sal y el comino e incorpore el tomate.

2. Haga un hoyo en el centro, vierta el agua, el huevo y 1 cucharada de aceite, y mézclelo hasta obtener una masa fina. Bátala bien 4 o 5 minutos con una cuchara de madera, pásela a la bandeja y extiéndala con una espátula.

3. Cúbrala con film untado en aceite y déjela leudar en un lugar cálido alrededor de 1 hora o hasta que doble su volumen. Precaliente el horno a 220 °C (425 °F).

4. Remeta uniformemente láminas de ajo y hojitas de orégano. Rocíe la focaccia con el resto del aceite y hornéela de 25 a 30 minutos, hasta que adquiera consistencia y se dore. Pásela a una rejilla metálica y deje que se enfríe.

TORTAS DE TRIGO SARRACENO

RACIONES: *4* | **PREPARACIÓN:** *20 min* | **COCCIÓN:** *5 min*

INGREDIENTES

200 g/1¼ tazas de harina de trigo
   sarraceno (alforfón), y un poco
   para espolvorear
100 g/⅔ de taza de harina de arroz
1 cucharadita de sal
1 cucharadita de levadura en polvo
   sin gluten
½ cucharadita de comino molido
2 cucharadas de cilantro picado
200 ml/¾ de taza generosa de agua
2 cucharadas de aceite de oliva

1. Tamice en un bol la harina de trigo sarraceno y la de arroz, la sal, la levadura y el comino, y haga un hueco en el centro.

2. Añada el cilantro, el agua y el aceite, y mézclelo hasta obtener una masa fina.

3. Divídala en 4 porciones y forme una bola con cada una. Extiéndalas en la encimera espolvoreada con un poco de harina hasta obtener redondeles de 20 cm (8 in) de diámetro.

4. Precaliente una plancha o la barbacoa al máximo. Ase las tortas 1 minuto por cada lado, hasta que adquieran consistencia y se doren. Sírvalas templadas.

ENSALADA DE COL LOMBARDA CON SALSA DE BERENJENA

RACIONES: *4* | **PREPARACIÓN:** *10-15 min* | **COCCIÓN:** *15-20 min*

INGREDIENTES

2 zanahorias

350 g/12 oz de col lombarda (repollo morado) en juliana

55 g/7 cucharadas de pasas

125 g/4½ de mezcla de hojas tiernas de acelga verde y roja y canónigos

el zumo (jugo) de 1 naranja

pimienta (opcional)

SALSA

3 berenjenas

3 dientes de ajo picados

2 cucharadas de tahín (tahine, puré de sésamo) sin gluten

3 cucharadas de aceite de cáñamo

pimienta (opcional)

1. Para preparar la salsa, retire la rejilla del horno y precaliente el gratinador a temperatura máxima. Pinche los extremos de cada berenjena con un tenedor, póngalas en la parrilla del horno y áselas a unos 5 cm (2 in) del gratinador, dándoles la vuelta varias veces, entre 15 y 20 minutos o hasta que estén blandas. Deje que se entibien.

2. Corte las zanahorias en tiras finas con el pelapatatas y póngalas en una fuente llana. Agregue la col y esparza por encima las pasas y la mezcla de hojas tiernas. Rocíe la ensalada con el zumo de naranja y, si lo desea, sazónela con un poco de pimienta.

3. Parta las berenjenas por la mitad y retire la pulpa con una cuchara. Píquela bien y pásela a un bol. Añada el ajo, el tahín y el aceite, eche un poco de pimienta, si lo desea, y mézclelo. Pase la salsa de berenjena a un cuenco y colóquelo en el centro de la ensalada.

ENSALADA VERANIEGA
CON SALSA RANCHERA

RACIONES: *4* | **PREPARACIÓN:** *20 min, más remojo* | **COCCIÓN:** *ninguna*

INGREDIENTES

2 tomates (jitomates) grandes
*   sin las semillas*
1 pepino
½ cebolla roja
1 zanahoria
1 pimiento amarillo despepitado
*   (sin las semillas)*
10 rábanos rojos
8 cucharadas de hierbas frescas
*   variadas picadas, como perejil,*
*   menta y cilantro*
la ralladura y el zumo (jugo)
*   de ½ lima (limón)*
4 cucharadas de aceite de oliva
*   virgen extra*
½ cucharadita de sal marina
½ cucharadita de pimienta

SALSA RANCHERA

100 g/¾ de taza de anacardos
*   (castañas de cajú, nueces de la*
*   India) sin sal, remojados 2 horas,*
*   escurridos y enjuagados*
1 cucharada de vinagre de sidra
125 ml/½ taza de leche de coco
1 diente de ajo picado
½ cucharadita de sal marina
2 cebolletas (cebollas tiernas
*   o de verdeo) picadas*
2 cucharadas de perejil picado

1. Para preparar el aliño, triture los anacardos, el vinagre, 50 ml (3½ cucharadas) de leche de coco, el ajo y la sal en la batidora hasta que se forme una pasta homogénea. Añada gradualmente la leche restante hasta que la mezcla quede un poco espesa. La consistencia debe estar a medio camino entre un líquido y una salsa para mojar.

2. Incorpore la cebolleta y el perejil.

3. Para preparar la ensalada, pique bien las hortalizas y póngalas en 1 bol grande o en 4 cuencos individuales. Añada los ingredientes restantes de la ensalada y sírvala.

ENSALADA DE ESCAROLA CON ALIÑO DE NUECES

RACIONES: *4* | **PREPARACIÓN:** *10 min* | **COCCIÓN:** *5 min, más enfriado*

INGREDIENTES

½ cogollo de escarola con las hojas
separadas y troceadas
1 cogollo de lechuga romana con
las hojas separadas y troceadas

ALIÑO

55 g/⅔ de taza de mitades
de nueces, troceadas
3 cucharadas de aceite de oliva
1 cucharadita de miel fluida
1 cucharada de vinagre
de vino blanco
1 cucharadita de mostaza de Dijon
sin gluten
¼ de cucharadita de pimienta

1. Para preparar el aliño, ponga las nueces en una sartén, vierta 1 cucharada de aceite y fríalas a fuego medio 2 o 3 minutos o hasta que empiecen a dorarse. Aparte la sartén del fuego, rocíe por encima la miel y remueva. El calor de la sartén será suficiente para que la mezcla se caramelice un poco.

2. Añada el resto del aceite, remueva otra vez y déjelas enfriar unos 15 minutos para que las nueces aromaticen el aceite. Ponga el vinagre y la mostaza en un cuenco, sazónelo con pimienta y bátalo bien. Incorpórelo a las nueces y el aceite.

3. Ponga la escarola y la lechuga en una ensaladera. Vierta el aliño por encima, remueva y sírvala.

ENSALADA INDIA
DE KALE

INGREDIENTES

175 g/6 oz de col lombarda (repollo
morado) en juliana
40 g/1½ oz de kale en juliana
1 manzana roja sin el corazón
y rallada gruesa
1 zanahoria grande rallada gruesa

COBERTURA

2 cucharadas de pipas de calabaza
(semillas de zapallo anco)
2 cucharadas de pipas (semillas)
de girasol
2 cucharadas de almendra
laminada
½ cucharadita de garam masala
sin gluten
¼ de cucharadita de cúrcuma
molida
1 cucharada de aceite de girasol

ALIÑO

150 g/10 cucharadas de yogur
natural
1 cucharadita de garam masala
sin gluten
¼ de cucharadita de cúrcuma
molida
sal y pimienta (opcional)

1. Precaliente una sartén a fuego medio y eche las pipas de calabaza y de girasol, la almendra, el garam masala y la cúrcuma, y agregue el aceite. Rehóguelo todo 3 o 4 minutos, removiendo con frecuencia, hasta que las almendras estén doradas. Aparte la sartén del fuego y deje que se enfríe.

2. Mientras tanto, para preparar el aliño, ponga el yogur, el garam masala y la cúrcuma en una ensaladera, salpimiente a gusto, si lo desea, y mézclelo bien.

3. Añada ambos tipos de col, la kale, la manzana y la zanahoria, y remueva con suavidad. Reparta la ensalada entre 4 cuencos y adórnela con la cobertura de pipas y almendras.

CROQUETAS ESPECIADAS DE COL LOMBARDA Y CILANTRO

UNIDADES: *8* | **PREPARACIÓN:** *30 min, más refrigeración* | **COCCIÓN:** *30-45 min*

INGREDIENTES

400 g/14 oz de patatas (papas)
peladas y troceadas
½ col lombarda (repollo morado)
pequeña en juliana
2 cucharadas de aceite de oliva
1 cucharadita de comino en grano
1 cebolla roja picada
1 diente de ajo picado
2 yemas de huevo
1 cucharadita de cúrcuma molida
½ cucharadita de guindilla
(ají picante, pimiento chico, chile)
molida
½ cucharadita de cilantro molido
15 g/½ oz de cilantro picado
25 g/3 cucharadas de harina
sin gluten
2 cucharadas de aceite de girasol
sal y pimienta (opcional)

1. Ponga a hervir agua en una olla grande a fuego fuerte. Eche las patatas, baje el fuego al mínimo y cuézalas de 15 a 20 minutos. Escúrralas y deje que pierdan humedad.

2. Ponga a hervir agua en una olla mediana. Eche la col lombarda y cuézala a fuego medio entre 5 y 10 minutos, hasta que esté tierna Escúrrala bien y añada 1 cucharada de aceite y el comino.

3. Caliente el resto del aceite en una cazuela a fuego bajo. Eche la cebolla y sofríala de 5 a 10 minutos, hasta que se ablande. Añada el ajo y prosiga con la cocción 3 minutos más. Resérvelo.

4. Chafe un poco las patatas, de modo que queden algunos grumos. Incorpore las yemas de huevo, la cúrcuma, la guindilla, el cilantro molido, la preparación de cebolla y col, y luego eche el cilantro fresco. Salpimiente si lo desea.

5. Forme 8 croquetas y déjelas en el frigorífico un mínimo de 30 minutos.

6. Reboce un poco cada croqueta con harina y sacúdalas para retirar el exceso. En una sartén grande, caliente el aceite de girasol a fuego medio-fuerte. Fría las croquetas uniformemente 5 minutos, hasta que queden doradas y crujientes. Sírvalas enseguida.

PAKORAS
DE HORTALIZAS

RACIONES: *4* | **PREPARACIÓN:** *30-40 min* | **COCCIÓN:** *20 min*

INGREDIENTES

6 cucharadas de harina
  de garbanzo
½ cucharadita de sal
1 cucharadita de guindilla
  (ají picante, chile) molida
1 cucharadita de levadura
  en polvo sin gluten
1½ cucharaditas de comino
  en grano
1 cucharadita de granos
  de granada
300 ml/1¼ tazas de agua
¼ de manojito de cilantro picado
400 g/14 oz de hortalizas variadas,
  como coliflor en ramitos, cebollas
  y patatas (papas) en rodajas
aceite vegetal, para freír
2 ramitas de cilantro, para adornar

1. Tamice la harina en un bol grande. Añada la sal, la guindilla, la levadura, el comino y la granada, y mézclelo bien. Vierta el agua y bátalo hasta obtener una pasta homogénea. Añada el cilantro picado y mézclelo bien.

2. Reboce las hortalizas troceadas en la pasta, sacudiéndolas con suavidad para retirar el exceso.

3. En un wok, una freidora o una cazuela honda de base gruesa, caliente aceite abundante a 180 o 190 ºC (350 o 375 ºF), hasta que al echar un dado de pan se dore en 30 segundos. Sumerja las hortalizas rebozadas en el aceite con unas pinzas y fríalas por tandas, dándoles la vuelta una vez.

4. Repita la operación hasta terminar la pasta. Deje escurrir las hortalizas fritas sobre papel de cocina arrugado. Adorne las pakoras con unas ramitas de cilantro y sírvalas enseguida.

ROLLITOS
DE PRIMAVERA

UNIDADES: *16* | **PREPARACIÓN:** *25-30 min, más maceración* | **COCCIÓN:** *15-20 min*

INGREDIENTES

2 cucharadas de tamari sin gluten

1½ cucharaditas de jarabe de arce

500 g/1 lb 2 oz de filetes magros
 de cerdo

aceite vegetal, para freír

32 obleas de papel de arroz

salsa hoisin sin gluten, y un poco
 más para servir (opcional)

70 g/2½ oz de fideos chinos
 de arroz cocidos

200 g/7 oz de pepino en tiras finas

6 cebolletas (cebollas tiernas
 o de verdeo) en tiras finas

1. Mezcle el tamari con el jarabe de arce en una fuente llana. Eche el cerdo y dele la vuelta para recubrirlo. Tápelo y déjelo macerar en el frigorífico como mínimo 1 hora, o toda la noche.

2. Caliente una plancha estriada a fuego medio-fuerte y eche un poco de aceite para cubrir la base. Coloque el cerdo y áselo entre 4 y 6 minutos de cada lado, según el grosor de los filetes, hasta que esté bien hecho y se caramelice por fuera. Retírelo de la plancha y córtelo en tiras finas.

3. Llene un bol refractario con agua a punto de hervir. Apile 2 obleas de papel de arroz (necesitará 2 por cada rollito, ya que son muy finas y frágiles) y remójelas en el agua 20 segundos, hasta que estén opacas y maleables. Retírelas con cuidado con una espátula, escúrralas y póngalas en un plato.

4. Unte una oblea doble con 1 cucharada de salsa hoisin y añada unos fideos y un poco de carne, pepino y cebolleta. Doble los extremos y los lados de la oblea en forma de rollito. Resérvelo mientras prepara los demás. Córtelos al bies y sírvalos con un poco más de salsa hoisin si lo desea.

BOCADITOS DE QUINOA
CON SALAMI Y MAYONESA AL AJO

UNIDADES: *15-20* | **PREPARACIÓN:** *25 min* | **COCCIÓN:** *20 min*

INGREDIENTES

500 g/2¾ tazas de quinoa cocida

50 g/⅓ de taza de harina sin gluten

50 g/1¾ oz de tomates (jitomates) secados al sol troceados

3 cucharadas de perejil picado

25 g/¼ de taza de parmesano rallado

2 huevos poco batidos

3 cucharadas de aceite de girasol, para engrasar

6 rodajas finas de salami sin gluten cortadas en tiras

sal y pimienta (opcional)

MAYONESA AL AJO

70 g/¼ de taza de mayonesa sin gluten

½ cucharadita de pimentón ahumado

1 diente de ajo picado

1. Para preparar la mayonesa de ajo, mezcle la mayonesa, el pimentón y el ajo en un cuenco, y resérvelo.

2. Forre la bandeja del horno con papel vegetal. En un bol grande, ponga la quinoa, la harina, el tomate, 2 cucharadas de perejil y el queso, y mézclelo con el huevo batido. Salpimiente si lo desea.

3. Forme entre 15 y 20 tortitas con la mezcla y póngalas en la bandeja.

4. Caliente el aceite de girasol en una sartén antiadherente. Por tandas, fría las tortitas de 3 a 5 minutos por cada lado, hasta que estén doradas. Deje que reposen en la bandeja forrada con papel de cocina.

5. En la misma sartén, fría el salami hasta que esté crujiente y comience a curvarse.

6. Sirva los bocaditos de quinoa coronados con ½ cucharadita de mayonesa de ajo cada uno, el salami y el perejil restante.

MONTADITOS DE BONIATO
CON ACEITUNAS Y QUESO DE CABRA

UNIDADES: *15-20* | **PREPARACIÓN:** *20 min* | **COCCIÓN:** *25-30 min*

INGREDIENTES

aceite de oliva, para engrasar
2 boniatos (papas dulces, batatas)
  grandes, pelados y cortados
  en rodajas de 1 cm/½ in
1 cucharada de aceite a la
  guindilla (ají picante, pimiento
  chico, chile)
100 g/1 taza escasa de queso
  de cabra desmenuzado
100 g/3½ oz de aceitunas negras
  deshuesadas (descarozadas)
  y en rodajas
1 cucharada de cebollino (cebollín)
  picado
sal y pimienta (opcional)

1. Precaliente el horno a 200 °C (400 °F). Engrase la bandeja del horno con aceite de oliva.

2. Disponga las rodajas de boniato en la bandeja y píntelas con aceite a la guindilla. Salpiméntelas a gusto, si lo desea, y hornéelas entre 20 y 25 minutos, dándoles la vuelta a la mitad de la cocción, hasta que las rodajas estén doradas por los bordes. Sáquelas del horno y baje la temperatura a 180 °C (350 °F).

3. Disponga el queso y las aceitunas sobre las rodajas. Ase los montaditos en el horno 5 minutos más.

4. Adórnelos con cebollino y sírvalos.

CHIPS DE KALE

RACIONES: *4* | **PREPARACIÓN:** *15 min* | **COCCIÓN:** *15 min*

INGREDIENTES

250 g/9 oz de kale

2 cucharadas de aceite de oliva

2 pizcas de azúcar

2 pizcas de sal marina

*2 cucharadas de almendra
   laminada tostada, para adornar*

1. Precaliente el horno a 150 °C (300 °F). Recorte y deseche los tallos más gruesos y la nervadura central de las hojas de la kale, dejando unos 125 g (4½ oz) de hojas limpias. Enjuáguelas y séquelas bien con papel de cocina. Pártalas en trozos del tamaño de un bocado, póngalos en un bol con el aceite y el azúcar, y mézclelo bien.

2. Extienda la mitad de las hojas en una fuente refractaria grande formando una capa y bien espaciadas entre sí. Sazónelas con 1 pizca de la sal marina y tuéstelas en la parte inferior del horno 4 minutos.

3. Remueva las hojas y gire la bandeja para que la parte posterior quede delante. Tuéstelas 1 o 2 minutos más, hasta que estén crujientes y algo doradas por los bordes. Repita el proceso con la kale y la sal marina restantes. Esparza la almendra laminada por encima y sírvalo enseguida.

PATÉ DE ZANAHORIA Y ANACARDOS CON GALLETITAS SALADAS

RACIONES: *4* | **PREPARACIÓN:** *5 min, más refrigeración* | **COCCIÓN:** *ninguna*

INGREDIENTES

*140 g/1 taza de anacardos
(castañas de cajú, nueces de la
India), remojados como mínimo
4 horas, o toda la noche*

*300 g/10½ oz de zanahorias
en dados*

*55 g/4 cucharadas de tahín (tahine,
puré de sésamo) claro sin gluten*

el zumo (jugo) de 1 lima (limón)

2 cucharaditas de jengibre picado

1 diente de ajo grande picado

½ cucharadita de sal marina

*2 cucharadas de hojas de cilantro
picadas*

*8 galletitas saladas de semillas
variadas sin gluten, para servir*

microensalada verde, para adornar

1. Lave bien los anacardos.

2. Triture todos los ingredientes, excepto el cilantro, en el robot de cocina o la batidora hasta que adquiera una consistencia homogénea.

3. Incorpore las hojas de cilantro y reparta la mezcla entre 4 boles pequeños. Tápelos con film transparente y refrigérelos 2 horas.

4. Unte las galletas con el paté y sírvalas enseguida con las hojas de microensalada.

ENSALADA DE TOMATE Y ALUBIAS

RACIONES: *4* | **PREPARACIÓN:** *20-25 min, más enfriado y refrigeración* | **COCCIÓN:** *5-10 min*

INGREDIENTES

*200 g/7 oz de tomates (jitomates)
cherry en cuartos*

1 cebolla roja pequeña picada

*200 g/7 oz de alubias azuki (frijoles
o porotos adukis, soja roja)
cocidas, escurridas y enjuagadas*

*½ pimiento (ají, morrón, chile) rojo
despepitado (sin las semillas)
y picado*

*½-1 guindilla (ají picante, pimiento
chico, chile) roja despepitada
(sin las semillas) y picada*

*2 cucharaditas de concentrado de
tomates (jitomates) secados al
sol sin gluten*

1 cucharadita de sirope de agave

1 buen manojo de cilantro picado

sal y pimienta (opcional)

tortillas, para acompañar

1. Ponga en un bol el tomate, la cebolla, las alubias, el pimiento, la guindilla, el concentrado de tomate, el sirope de agave y el cilantro. Mézclelo bien y, si lo desea, salpimiente al gusto.

2. Tape el bol y refrigérelo 15 minutos como mínimo para que los sabores se entremezclen. Precaliente el gratinador a temperatura media.

3. Tueste un poco las tortillas bajo el gratinador. Deje que se enfríen un poco y trocéelas.

4. Pase la ensalada a un cuenco y sírvala.

HUEVOS RELLENOS CON SALMÓN
Y COMINO NEGRO

UNIDADES: *16 mitades* | **PREPARACIÓN:** *15 min* | **COCCIÓN:** *8 min*

INGREDIENTES

8 huevos grandes

*50 ml/3½ cucharadas de mayonesa
   sin gluten*

*50 ml/3½ cucharadas de nata
   (crema) fresca espesa*

*2 cucharaditas de mostaza
   de Dijon sin gluten*

*40 g/1½ oz de salmón ahumado
   en trocitos*

15 g/½ cucharada de eneldo picado

*1 cucharada de comino en grano
   negro*

sal y pimienta (opcional)

1. Ponga los huevos en una cazuela grande y cúbralos con agua fría. Lleve el agua a ebullición a fuego alto, baje el fuego y cueza los huevos 8 minutos. Escúrralos y resérvelos sumergidos en agua fría.

2. Pele los huevos y córtelos por la mitad. Saque con una cuchara las yemas y mézclelas en una bol con la mayonesa, la nata, la mostaza, el salmón y la mitad del eneldo. Salpimiente si lo desea.

3. Con una cuchara, pase la mezcla a las claras, adórnelo con el eneldo restante y el comino, y sírvalo.

TZATZIKI
DE REMOLACHA Y PEPINO

RACIONES: *4* | **PREPARACIÓN:** *10-15 min* | **COCCIÓN:** *ninguna*

INGREDIENTES

115 g/4 oz de remolacha
   (betarraga, betabele) cocida en
   su jugo, escurrida y en dados
   (peso escurrido)
150 g/5½ de pepino en dados
40 g/1½ de rábanos en dados
1 cebolleta (cebolla tierna o de
   verdeo) picada
12 hojas de cogollo de lechuga

ALIÑO

150 g/10 cucharadas de yogur
   griego natural
¼ de cucharadita de comino
   molido
½ cucharadita de miel fluida
2 cucharadas de menta picada
sal y pimienta (opcional)

1. Para preparar el aliño, mezcle el yogur con el comino y la miel en un bol, añada la menta y salpimiente si lo desea.

2. Incorpore la remolacha, el pepino, el rábano y la cebolleta, y remuévalo con suavidad.

3. Disponga las hojas de lechuga en una fuente, disponga un montoncito de tzatziki en cada una y sírvalo enseguida.

ENSALADA DE YOGUR CON PEPINO Y TRIGO SARRACENO EN TARRO

RACIONES: *4* | **PREPARACIÓN:** *10 min, más remojo y refrigeración* | **COCCIÓN:** *ninguna*

INGREDIENTES

125 g/¾ de taza de trigo sarraceno (alforfón)

1 pepino cortado a la mitad, sin las semillas y troceado

500 g/2¼ tazas de yogur de coco sin lactosa

3 cucharadas de menta picada

1 cucharadita de sal marina

1 cucharadita de pimienta

100 g/¾ de taza de pasas

70 g/¾ de taza de nueces picadas

20 hojas de menta, para adornar

1. Deje en remojo el trigo sarraceno en agua templada 20 minutos. Escúrralo y enjuáguelo.

2. Envuelva el pepino en papel de cocina y séquelo bien. El papel debe quedar empapado.

3. Mezcle en un bol el yogur, la menta, la sal y la pimienta.

4. Reparta los ingredientes entre 4 tarros con tapa de unos 250 o 275 g (9 o 9¾ oz) de capacidad. Disponga en capas las pasas, la mitad de las nueces, el trigo sarraceno, tres cuartas partes del pepino y la mezcla de yogur. Adórnelo con el resto del pepino y las nueces.

5. Reparta las hojas de menta entre los tarros y refrigérelo 30 minutos antes de servirlo.

CROQUETAS DE POLLO
CON SALSA DE TAMARI

RACIONES: *4* | **PREPARACIÓN:** *25-30 min* | **COCCIÓN:** *18-26 min*

INGREDIENTES

2 pechugas grandes de pollo
* sin hueso ni piel*
3 cucharadas de aceite vegetal
2 chalotes (echalotes, escalonias)
* picados*
½ rama de apio picada
1 diente de ajo picado
2 cucharadas de tamari sin gluten
1 huevo pequeño poco batido
1 manojo de cebolletas (cebollas
* tiernas o de verdeo)*
sal y pimienta (opcional)

PARA LA SALSA

3 cucharadas de tamari sin gluten
1 cucharada de vino de arroz
1 cucharadita de semillas
* de sésamo*

1. Corte el pollo en trozos de 2 cm (¾ in) de grosor. Caliente la mitad del aceite en una sartén y saltee el pollo a fuego fuerte 2 o 3 minutos, hasta que se dore. Retírelo con una espumadera y resérvelo.

2. Saltee el chalote, el apio y el ajo en la sartén 1 o 2 minutos, hasta que se ablanden.

3. Triture bien el pollo con las hortalizas salteadas en el robot de cocina. Añada 1 cucharada del tamari y el huevo justo para ligar el picadillo. Salpimiente si lo desea.

4. Para preparar la salsa, mezcle el tamari con el vino de arroz y el sésamo en un cuenco y resérvelo.

5. Forme 16 croquetas con el picadillo. Caliente el resto del aceite en la sartén y fríalas por tandas 4 o 5 minutos, hasta que se doren. Escúrralas sobre papel de cocina.

6. Saltee las cebolletas en la sartén 1 o 2 minutos, hasta que empiecen a ablandarse y, a continuación, vierta el resto de tamari. Sirva las croquetas con las cebolletas salteadas y la salsa para mojar.

FALÁFEL PICANTE

RACIONES: *4* | **PREPARACIÓN:** *25 min* | **COCCIÓN:** *10-15 min*

INGREDIENTES

400 g/2⅔ tazas de garbanzos
  (chícharos) cocidos, escurridos
  y enjuagados
1 cebolla roja pequeña picada
2 dientes de ajo picados
2 cucharaditas de cilantro molido
1½ cucharaditas de comino molido
1 cucharadita de anís estrellado
  molido
1 guindilla (ají picante, pimiento
  chico, chile) roja pequeña picada
1 clara de huevo
½ cucharadita de levadura
  en polvo sin gluten
harina de garbanzo (chícharo),
  para espolvorear
aceite de girasol, para freír
sal y pimienta (opcional)

ENSALADA

1 naranja grande
2 cucharadas de aceite de oliva
  virgen extra
55 g/2 oz de rúcula
sal y pimienta (opcional)

1. Triture los garbanzos, la cebolla, el ajo, el cilantro, el comino, el anís estrellado, la guindilla, la clara de huevo, sal y pimienta, si usa, en la batidora o en el robot de cocina hasta que se forme una pasta firme y con textura. A continuación, incorpore la levadura.

2. Espolvoréese las manos con un poco de harina y forme 12 bolitas con la mezcla.

3. Para preparar la ensalada, pele la naranja retirando toda la piel blanca y saque los gajos de sus membranas, recogiendo el zumo. Bata el zumo de naranja con el aceite de oliva y, si lo desea, salpimiente. Rocíe los gajos de naranja y la rúcula con el aliño.

4. Caliente unos dos dedos de aceite en una sartén grande a 180 o 190 °C (350 o 375 °F), hasta que un dado de pan se dore en 30 segundos. Sofría los faláfel 2 minutos hasta que se doren.

5. Deje escurrir los faláfel sobre papel de cocina y sírvalos con la ensalada.

CAPÍTULO TRES

ALMUERZO

SOPA FRÍA
DE REMOLACHA Y SANDÍA

RACIONES: *4* | **PREPARACIÓN:** *10 min, más refrigeración* | **COCCIÓN:** *ninguna*

INGREDIENTES

4 remolachas (betarraga,
betabeles) tiernas (unos 600 g/
1 lb 5 oz)
1 zanahoria grande (unos 175 g/
6 oz)
300 g/11 oz de pulpa de sandía
el zumo (jugo) de ½ lima (limón)
1 cucharadita de sal marina
1 cucharadita de pimienta
100 ml/7 cucharadas de agua
3 cucharadas de eneldo picado
150 g/10 cucharadas de yogur
natural

1. Triture ⅔ de la remolacha, la zanahoria y la sandía en la batidora con el zumo de lima y la mayor parte del agua hasta que se forme una mezcla suave. Eche la sal y la pimienta, añada el agua poco a poco, y tritúrelo de nuevo hasta que adquiera una textura de sopa espesa. Vierta la sopa en un bol grande.

2. Ralle el resto de la remolacha y zanahoria e incorpórelo a la sopa. Corte la sandía restante en trozos de 1 cm (½ in) de grosor y añada la mitad de ellos a la sopa con la mitad del eneldo.

3. Vierta la sopa en 4 cuencos y rocíe por encima el yogur. Disponga los trozos restantes de sandía por encima y rocíelo con el eneldo restante. Déjelo en el frigorífico hasta que vaya a servirlo.

SOPA DE POLLO
Y HORTALIZAS

RACIONES: *4* | **PREPARACIÓN:** *15-40 min* | **COCCIÓN:** *1 h y 20 min*

INGREDIENTES

1 cebolla picada
1 diente de ajo picado
115 g/4 oz de col (repollo) en tiras
2 zanahorias picadas
4 patatas (papas) en dados
1 pimiento (ají, morrón, chile) verde
   despepitado (sin las semillas)
   y en dados
400 g/1⅔ tazas de tomate
   (jitomate) troceado en conserva
1,3 litros/5¼ tazas de caldo
   de pollo sin gluten
175 g/6 oz de pollo cocido en dados
sal y pimienta (opcional)
2 cucharadas de perejil picado,
   para adornar

1. Ponga en una olla todos los ingredientes, excepto el pollo y el perejil, y llévelo a ebullición. Cueza la sopa 1 hora o hasta que las hortalizas estén tiernas.

2. Añada el pollo y cueza la sopa 10 minutos más, hasta que esté bien caliente.

3. Reparta la sopa entre 4 platos hondos precalentados y sírvala enseguida, adornada con el perejil.

SOPA DE LENTEJAS DEL SUR DE LA INDIA

RACIONES: *4* | **PREPARACIÓN:** *10 min* | **COCCIÓN:** *30-35 min*

INGREDIENTES

100 g/3½ oz de guandúes
  (tuvaar dal)
600 ml/2½ tazas de agua fría
1 cucharadita de cúrcuma molida
2 cucharadas de aceite de
  cacahuete (cacahuate, maní)
  u otro tipo de aceite vegetal
1 cucharadita de semillas
  de mostaza negra
6-8 hojas de curri frescas
1 cucharadita de comino en grano
1 guindilla (ají picante, pimiento
  chico, chile) verde fresca, picada
1 cucharadita de pasta
  de tamarindo
1 cucharadita de sal

1. Enjuague los guandúes bajo el chorro de agua fría y póngalos en una olla con el agua, la cúrcuma y 1 cucharada del aceite. Tápelo, llévelo a ebullición y cuézalo 25 o 30 minutos, hasta que esté tierno.

2. Caliente el aceite restante en una sartén a fuego medio. Eche las semillas de mostaza, las hojas de curri, el comino, la guindilla y la pasta de tamarindo. Cuando las semillas empiecen a saltar, aparte la sartén del calor y añádalas a los guandúes con la sal.

3. Prosiga con la cocción 2 o 3 minutos. Reparta la sopa entre 4 cuencos y sírvala enseguida.

SOPA PICANTE DE TOMATE, TAMARINDO Y JENGIBRE

RACIONES: *4* | **PREPARACIÓN:** *15 min* | **COCCIÓN:** *35 min*

INGREDIENTES

60 g/¼ de taza de mantequilla

1 cebolla pequeña en dados

1 trozo de jengibre de 2 cm/¾ in picado

1 cucharadita de cúrcuma molida

2 cucharaditas de comino en grano picado

¼ de cucharadita de sal

½ cucharadita de pimienta

400 g/1⅔ tazas de tomate (jitomate) troceado en conserva

2 cucharaditas de pasta de tamarindo

70 g/⅓ de taza de quinoa roja enjuagada

225 ml/1 taza escasa de caldo de verduras sin gluten

4 cucharadas de cilantro picado

1. Caliente la mitad de la mantequilla en una olla y sofría la cebolla a fuego medio-lento 5 minutos, hasta que esté translúcida.

2. Eche el jengibre, la cúrcuma, ½ cucharadita del comino, la sal y la pimienta, y prosiga con la cocción 1 minuto.

3. Incorpore el tomate, la pasta de tamarindo, la quinoa y el caldo. Llévelo a ebullición, baje el fuego, tape la olla y cueza la sopa 25 minutos, removiendo de vez en cuando.

4. Aparte la olla del fuego e incorpore el cilantro. Déjelo reposar, tapado, 10 minutos.

5. Derrita el resto de la mantequilla en una sartén pequeña a fuego medio-fuerte. Rehogue el resto del comino unos segundos. Échelo en la sopa y sírvala enseguida.

ENSALADA WALDORF
CON PAVO

RACIONES: *4* | **PREPARACIÓN:** *20 min* | **COCCIÓN:** *ninguna*

INGREDIENTES

*3 cucharadas de tahín (tahine,
    puré de sésamo) sin gluten*
*2 cucharadas de zumo (jugo)
    de lima (limón)*
2 cucharaditas de sirope de agave
*1 cucharadita de salsa de soja
    sin gluten*
350 g/12 oz de pavo cocido en tiras
2 ramas de apio en rodajas finas
*50 g/1¾ oz de col lombarda
    (repollo morado) en juliana*
*2 manzanas crujientes, sin el
    corazón y picadas*
*100 g/3½ oz de uvas negras sin
    pepitas (semillas), partidas por
    la mitad*
*100 g/3½ oz de col (repollo) china
    en juliana*
*75 g/¾ de taza generosa de nueces
    tostadas*
*50 g/½ taza generosa de pacanas
    (nueces pecán o de cáscara
    de papel) tostadas*
sal y pimienta (opcional)

1. Bata el tahín con el zumo de lima, el sirope y la salsa de soja, y salpimiente si lo desea.

2. Mezcle el resto de los ingredientes en una ensaladera, agregue el aliño y remueva.

3. Reparta la ensalada entre 4 cuencos poco hondos y sírvala.

ENSALADA ASIÁTICA
CON ARROZ AL COCO

RACIONES: *6* | **PREPARACIÓN:** *20 min, más reposo* | **COCCIÓN:** *25-30 min*

INGREDIENTES

160 ml/⅔ de taza de crema de coco

450 m/2 tazas escasas de agua

250 g/9 oz de arroz jazmín
enjuagado

3 hojas de lima kafir

1 pizca de sal

½ col lombarda (repollo morado)
grande en juliana

60 g/⅔ de taza de cacahuete
(cacahuate, maní) sin tostar
y picado

la ralladura y el zumo (jugo)
de 1 lima (limón)

25 g/4 cucharadas de cilantro
picado

25 g/4 cucharadas de menta
picada

1 cebolleta (cebolla tierna
o de verdeo) en rodajas

2 cucharadas de aceite de sésamo

1 cucharada de semillas de sésamo
tostadas

pimienta (opcional)

1. Vierta la crema de coco y el agua en una cazuela y llévelo a ebullición. Añada el arroz, las hojas de lima y la sal. Baje el fuego, tápelo y cuézalo a fuego lento entre 15 y 20 minutos, hasta que el arroz haya absorbido casi todo el líquido. Retírelo del fuego y deje que repose, tapado, 5 minutos.

2. Incorpore la col al arroz con la mitad del cacahuete, la ralladura de lima y la mitad de las hierbas. Sazónelo con pimienta si lo desea.

3. Páselo a una fuente y eche por encima la cebolleta, y las hierbas y el cacahuete restantes. Rocíelo con el zumo de lima y el aceite y esparza las semillas de sésamo.

ENSALADA DE PASTA Y POLLO CON BEICON Y ESPINACAS

RACIONES: *4* | **PREPARACIÓN:** *30 min* | **COCCIÓN:** *40 min*

INGREDIENTES

*5 muslos de pollo sin la piel (unos
450 g/1 lb en total), cortados por
la mitad*
*1 cucharadita de aceite de oliva,
para untar*
2-3 ramitas de tomillo fresco
*300 g/10½ oz de fusilli (espirales
de pasta) sin gluten*
*150 g/5½ oz de espinacas tiernas
lavadas*
*100 g/3½ oz de beicon (panceta,
tocino)*
½ cebolla roja en rodajitas
sal y pimienta (opcional)
*2 cucharadas de cebollino
(cebollín) picado, para adornar*

ALIÑO

2 cucharadas de aceite de oliva
1 diente de ajo picado
*1 cucharada de mostaza de Dijon
sin gluten*
2 cucharadas de vinagre de sidra
sal y pimienta (opcional)

1. Precaliente el horno a 200 °C (400 °F).

2. Ponga los muslos en una fuente refractaria y úntelos con un poco de aceite. Añada el tomillo y salpimiente si lo desea.

3. Colóquelo en el centro del horno y cuézalo 20 minutos, hasta que el pollo esté tierno y al pinchar la parte más carnosa con una brocheta salga un jugo claro. Sáquelo del horno y déjelo enfriar.

4. Lleve agua a ebullición en una olla y eche la pasta. Cuando el agua rompa a hervir, prosiga con la cocción 7 u 8 minutos, hasta que la pasta esté al dente. Escúrrala, devuélvala a la olla e incorpore enseguida las espinacas, que se ablandarán con el calor residual.

5. Fría el beicon a fuego fuerte en una sartén hasta que quede dorado y crujiente, y resérvelo.

6. Corte el pollo en tiras. Póngalo en una fuente grande con la panceta, la pasta, las espinacas y la cebolla.

7. Para preparar el aliño, mezcle el aceite con el ajo, la mostaza y el vinagre en un tarro. Salpimiente si lo desea. Agítelo hasta que quede homogéneo y emulsionado, y repártalo por encima de la ensalada. Sírvalo enseguida, adornado con el cebollino.

ENSALADA DE FIDEOS SOBA CON EDAMAME

RACIONES: *4* | **PREPARACIÓN:** *10 min* | **COCCIÓN:** *10 min*

INGREDIENTES

150 g/5½ oz de fideos soba de trigo
  sarraceno (alforfón) sin gluten
200 g/1⅔ tazas de edamame
  (habas tiernas de soja)
  congeladas
225 g/8 oz de brócoli, cortado en
  ramitos y los tallos en rodajas
1 pimiento (ají, morrón, chile) rojo,
  despepitado (sin las semillas)
  y en tiras finas
1 pimiento (ají, morrón, chile)
  naranja o morado, despepitado
  (sin las semillas) y en tiras finas
115 g/4 oz de champiñones
  Portobello en láminas finas
85 g/⅔ de taza de brotes de pipas
  (semillas) de girasol

ALIÑO

2 cucharadas de vinagre de vino
  de arroz
2 cucharadas de tamari sin gluten
4 cucharadas de aceite de salvado
  de arroz
1 trozo de jengibre de 4 cm /1½ in
  rallado fino

1. Ponga agua fría en la base de una vaporera, llévela a ebullición, eche los fideos y el edamame congelado, y deje que vuelva a hervir. Ponga el brócoli en la parte superior de la vaporera, colóquelo sobre la base, tápelo y cuézalo al vapor de 3 a 5 minutos, hasta que los fideos y el brócoli estén tiernos. Escurra los fideos y el edamame, páselos bajo el chorro de agua fría, vuelva a escurrirlos bien y páselos a una ensaladera. Añada el brócoli y deje que se enfríe.

2. En un tarro con tapa de rosca, ponga el vinagre con el tamari, el aceite y el jengibre, ciérrelo y agítelo bien. Rocíe la ensalada con el aliño y remueva.

3. Incorpore los pimientos y los champiñones, y vuelva a removerla. Reparta la ensalada entre 4 cuencos, esparza los brotes por encima y sírvala enseguida.

ENSALADA DE QUINOA ROJA Y GARBANZOS

RACIONES: *4* | **PREPARACIÓN:** *10-15 min* | **COCCIÓN:** *15-20 min*

INGREDIENTES

50 g/¼ de taza de quinoa roja

1 guindilla (chile, ají picante,
pimiento chico) roja, despepitada
(sin las semillas) y picada

8 cebolletas (cebollas tiernas
o de verdeo) picadas

3 cucharadas de menta picada

2 cucharadas de aceite de oliva

2 cucharadas de zumo (jugo)
de lima (limón) exprimido

30 g/3 cucharadas de harina
de garbanzo (chícharo)

1 cucharadita de comino molido

½ cucharadita de pimentón

1 cucharada de aceite vegetal

150 g/⅔ de taza de garbanzos
(chícharos) cocidos, enjuagados
y escurridos

1. Ponga la quinoa en una olla y cúbrala con agua hirviendo. Cuézala a fuego lento 10 minutos, hasta que empiece a estar tierna. Escúrrala, pásela por agua fría y vuelva a escurrirla. Pásela a una ensaladera y añada la guindilla y la cebolleta.

2. En un cuenco, mezcle el aceite de oliva con el zumo de lima.

3. Tamice la harina con el comino y el pimentón en un bol ancho y hondo. Caliente el aceite a fuego medio en una sartén. Reboce los garbanzos con la harina condimentada y fríalos por tandas a fuego lento, removiendo a menudo, 2 o 3 minutos, hasta que se doren.

4. Mezcle los garbanzos templados con la quinoa e incorpore enseguida el aliño. Sirva la ensalada templada o fría.

ENSALADA DE MELÓN, SANDÍA, JAMÓN Y PECORINO

RACIONES: *4* | **PREPARACIÓN:** *10-15 min* | **COCCIÓN:** *ninguna*

INGREDIENTES

*400 g/14 oz de sandía en tajadas
    finas*
*400 g/14 oz de melón honeydew
    en tajadas finas*
*400 g/14 oz de melón cantaloupe
    en tajadas finas*
*140 g/5 oz de jamón curado
    en lonchas (lonjas)*
*25 g/¼ de taza de virutas de queso
    pecorino*
25 g/1 oz de albahaca

ALIÑO

*4 cucharadas de aceite de oliva
    suave*
4 cucharadas de vinagre de jerez
sal y pimienta (opcional)

1. Disponga las tajadas de melón y sandía en una fuente llana. Enrolle las lonchas de jamón y dispóngalas sobre las tajadas o alrededor de ellas.

2. En un tarro de vidrio con tapa de rosca, ponga el aceite con el vinagre, salpimiente generosamente si lo desea, ciérrelo y agítelo bien. Rocíe la ensalada con el aliño.

3. Esparza el queso y las hojas de albahaca por encima, y sirva la ensalada enseguida.

ENSALADA DE GRANADA
Y ZANAHORIA AL JENGIBRE

RACIONES: 4 | **PREPARACIÓN:** *10-30 min, más maceración* | **COCCIÓN:** *ninguna*

INGREDIENTES

*350 g/12 oz de zanahorias ralladas
    finas*

*1 trozo de jengibre de 5 cm/2 in
    rallado fino*

1 granada pequeña en cuartos

*50 g/1¾ oz de germinados
    variados, como alfalfa y rábano*

COBERTURA

*3 cucharadas de aceite de oliva
    suave*

*3 cucharaditas de vinagre de vino
    tinto*

*3 cucharaditas de jarabe
    de granada*

sal y pimienta (opcional)

1. Ponga la zanahoria y el jengibre en un bol. Doble la piel de los trozos de granada para desgranarla; utilice un cuchillo pequeño para extraer los que no se hayan desprendido solos. Ponga los granos en el bol.

2. En un tarro de vidrio con tapa de rosca, ponga el aceite de oliva con el vinagre y el jarabe de granada, salpimiente si lo desea, cierre el tarro y agítelo bien. Rocíe la ensalada con el aliño y remueva. Tápela y déjela macerar en el frigorífico 30 minutos.

3. Esparza los germinados por encima y sírvala.

TORTITAS
DE GARBANZO

RACIONES: *4* | **PREPARACIÓN:** *20 min* | **COCCIÓN:** *20 min*

INGREDIENTES

*125 g/¾ de taza y 2 cucharadas
de harina de fuerza sin gluten*
1 huevo batido
175 ml/¾ de taza de leche
*140 g/5 oz de cebolletas (cebollas
tiernas o de verdeo) en rodajitas*
*400 g/1⅔ tazas de garbanzos
(chícharos) cocidos, lavados
y escurridos*
4 cucharadas de cilantro picado
aceite de girasol, para freír
sal y pimienta (opcional)
ramitas de cilantro, para adornar

1. Tamice la harina en un bol y haga un hoyo en el centro. Eche el huevo y la leche, incorpórelos a la harina y, después, bátalo todo hasta obtener una pasta homogénea.

2. Incorpore la cebolleta, los garbanzos y el cilantro, y salpimiéntelo generosamente si lo desea.

3. Caliente el aceite en una sartén grande de base gruesa y vaya añadiendo cucharadas de la pasta. Fría las tortitas, por tandas, 4 o 5 minutos, dándoles la vuelta hasta que se doren bien.

4. Sírvalas apiladas, adornadas con ramitas de cilantro.

QUICHE DE
CALABACÍN Y TOMATE

RACIONES: *4* | **PREPARACIÓN:** *25-30 min, más enfriado y refrigeración* | **COCCIÓN:** *55 min-1 h*

INGREDIENTES

200 g/1⅓ tazas generosas de harina sin gluten, y un poco para espolvorear

100 g/7 cucharadas de mantequilla

3 cucharadas de cebollino (cebollín) picado

1 pizca de sal

4-5 cucharadas de agua fría

tallos de cebollino (cebollín), para adornar

RELLENO

2 cucharadas de aceite de oliva

1 cebolla roja pequeña en cuñas finas

2 calabacines (zapallitos) en trozos de 2 cm/¾ in

8 tomates (jitomates) cherry partidos por la mitad

1 huevo grande batido

175 ml/¾ de taza de leche

sal y pimienta (opcional)

1. En el robot de cocina, triture la harina, la mantequilla, el cebollino picado y la sal. Añada el agua suficiente para obtener una masa consistente.

2. Vuelque la masa en la encimera espolvoreada con un poco de harina, dele forma circular y forre con ella un molde desmontable para tarta de 19 cm (7½ in) de diámetro y 5 cm (2 in) de profundidad. Pínchela varias veces con un tenedor y refrigérela 10 minutos.

3. Precaliente la bandeja del horno a 200 °C (400 °F). Cubra el molde con papel vegetal y legumbres secas, y hornéelo 10 minutos. Retire el papel y las legumbres, y hornéelo 5 minutos más. Baje la temperatura del horno a 190 °C (375 °F).

4. Para preparar el relleno, caliente el aceite en una sartén y sofría la cebolla y el calabacín, removiendo con frecuencia, 4 o 5 minutos, hasta que esté todo tierno y un poco dorado. Échelo en el molde junto con los tomates.

5. Bata bien el huevo con la leche y salpimiente si lo desea. Viértalo en el molde. Hornéelo de 35 a 40 minutos, hasta que la masa se dore y el relleno cuaje. Deje que la quiche se enfríe en el molde 10 minutos. Sírvala templada o fría, adornada con cebollino.

PIZZETAS DE QUINOA
CON CREMA DE ANACARDO

RACIONES: *2* | **PREPARACIÓN:** *30 min, más remojo* | **COCCIÓN:** *20 min*

INGREDIENTES

CREMA DE ANACARDO

60 g/½ taza de anacardos (nueces de la India) remojados y enjuagados

1 diente de ajo picado, 1 cucharada de levadura nutricional

1½ cucharaditas de zumo (jugo) de lima (limón)

COBERTURA

70 g/2½ oz de tomates (jitomates) secados al sol en aceite, escurridos

3 cucharadas de concentrado de tomate (jitomate) sin gluten

1 diente de ajo picado

½ cucharadita de sal (opcional)

½ pimiento (morrón) rojo y ½ verde

1 cebolla roja pequeña en 6 cuñas

2 cucharaditas de hierbas secas

2 cucharaditas de aceite de oliva

5 corazones de alcachofa en aceite

1 tomate (jitomate) troceado

BASE DE QUINOA

125 g de quinoa remojada en 475 ml/2 tazas de agua 8 horas

½ cucharadita de levadura en polvo sin gluten, ½ cucharadita de sal, 4 cucharadas de agua

2 cucharadas de aceite de oliva, y un poco más para pintar

1. Para hacer la crema, triture los anacardos, el ajo y 3 cucharadas de agua en el robot de cocina hasta que quede homogénea. Incorpore la levadura y el zumo y tritúrelo unos segundos más, hasta que adquiera una consistencia más bien fluida. Añada un poco más de agua, si fuera necesario, y vuelva a triturarla. Resérvela en un cuenco.

2. Precaliente el horno a 190 °C (375 °F). Forre un molde desmontable llano de 23 cm (9 in) de diámetro con papel vegetal, y engrase un poco el papel.

3. Para preparar la base, escurra la quinoa y échela en la batidora con la levadura, la sal, el agua y el aceite de oliva. Bátalo hasta obtener una pasta suave y espesa. Pásela al molde y dele forma circular. Cuézala en el horno precalentado 15 minutos, hasta que se dore por arriba. Sáquela del molde y déjela enfriar en una rejilla metálica.

4. Mientras tanto, para preparar la cobertura, triture los tomates secados al sol con el concentrado de tomate y el ajo. Agregue sal, si lo desea, e incorpore un poco de agua, si fuera necesario, para que adquiera una consistencia untuosa.

5. Ponga en una bandeja los pimientos en tiras, la cebolla, las hierbas y el aceite de oliva, y hornéelo entre 10 y 15 minutos, hasta que estén tiernos y se empiecen a dorar. Sáquelo del horno y resérvelo.

6. Extienda la pasta de tomate sobre la base de la pizza, sin llegar al borde. Disponga el pimiento, la cebolla, la alcachofa y el tomate sobre la pizza, y añada montoncitos de crema de anacardo encima. Horréela 5 minutos, o hasta que las hortalizas estén calientes y la crema empiece a estar dorada.

PIZZA DE CALABAZA, PIÑONES Y QUESO DE CABRA

RACIONES: *6* | **PREPARACIÓN:** *30 min* | **COCCIÓN:** *50-55 min*

INGREDIENTES

1 clara de huevo
3 cucharadas de aceite vegetal
½ cucharadita de vinagre
1 cucharada de azúcar
½ cucharadita de sal
200 ml/¾ de taza generosa de agua
250 g/1¾ tazas de harina para pan
* sin gluten*
1 cucharadita de levadura seca
* instantánea sin gluten*

COBERTURA

½ calabaza (zapallo anco,
* zapallito) grande pelada, sin las*
* pipas (semillas) y cortada en*
* forma de medialunas*
1 cucharada de aceite de oliva
3 ramitas de romero fresco picado
125 ml/½ taza de nata (crema)
* agria*
100 g/3½ oz de queso de cabra
* cortado en rodajas*
50 g/⅓ de taza de piñones
pimienta (opcional)

1. Forre la bandeja del horno con papel vegetal.

2. En un bol, eche la clara de huevo, la mitad del aceite vegetal, el vinagre, el azúcar, la sal y el agua, y bátalo bien. Añada la harina la levadura, y mézclelo hasta que adquiera una consistencia suave y espesa.

3. Vierta el aceite restante sobre la pasta y revuélvalo con una cuchara hasta que se forme una masa homogénea. Pásela a la bandeja y dele la forma de un círculo de unos 25 cm (10 in) de diámetro. Déjela reposar 30 minutos en un lugar seco.

4. Mientras tanto, precaliente el horno a 200 °C (400 °F). Ponga las medialunas de calabaza en la bandeja del horno grande y rocíelas con el aceite de oliva y la mitad del romero.

5. Hornéelas 20 minutos, dándoles la vuelta a la mitad de la cocción, hasta que comiencen a dorarse. Sáquelas y suba la temperatura a 220 °C (425 °F).

6. Unte la base de la pizza con la nata agria y distribuya por encima la calabaza, el queso de cabra, los piñones y el romero restante. Si lo desea, sazónela con pimienta.

7. Hornéela de 30 a 35 minutos, hasta que la base se hinche y el queso se dore y borbotee. Sírvala enseguida.

SALMÓN AL PESTO
CON HORTALIZAS DE PRIMAVERA

INGREDIENTES

200 g/7 oz de guisantes (arvejas,
chícharos) congelados
200 g/7 oz de habas frescas
200 g/7 oz de espárragos
sin el extremo leñoso
200 g/7 oz de zanahorias baby
4 filetes de salmón, sin la piel,
de unos 150 g/5½ oz
4 cucharadas de pesto sin gluten
4 cucharadas de aceite de oliva
virgen extra
la ralladura fina y el zumo (jugo)
de 1 lima (limón)
2 cucharadas de pipas (semillas) de
girasol tostadas
2 cucharadas de pipas de calabaza
(semillas de zapallo anco)
tostadas
2 cucharadas de albahaca
en juliana

1. Ponga todas las hortalizas en la vaporera y cuézalas de 10 a 12 minutos, hasta que estén tiernas.

2. Mientras tanto, precaliente el gratinador al máximo y forre la bandeja del horno con papel de aluminio. Ponga el salmón en la bandeja y extienda el pesto por encima. Áselo bajo el gratinador 3 o 4 minutos por cada lado.

3. Mezcle el aceite con el zumo y la ralladura e incorpore la mezcla a las hortalizas.

4. Repártalo entre 4 platos hondos precalentados y ponga un filete de salmón en cada uno.

5. Esparza las pipas y la albahaca por encima y sírvalo.

ARROZ CON TUBÉRCULOS DULCES

RACIONES: *4* | **PREPARACIÓN:** *12 min* | **COCCIÓN:** *35-40 min*

INGREDIENTES

2 boniatos (papas dulces, batatas)
  troceados
2 remolachas (betarragas,
  betabeles) troceadas
2 cebollas rojas en cuñas
2 cucharadas de aceite de oliva
2 cucharaditas de comino en grano
75 g/2¾ oz de arroz integral
4 cucharadas de tahín (tahine, puré
  de sésamo) sin gluten
el zumo (jugo) de 1 lima (limón)
½ cucharadita de pimienta
½ cucharadita de miel fluida
200 g/7 oz de kale en juliana
2 cucharadas de almendra
  laminada tostada

1. Precaliente el horno a 200 °C (400 °F).

2. Ponga el boniato, la remolacha y la cebolla en un bol con el aceite y el comino, y mézclelo para que las hortalizas se impregnen bien.

3. Páselas a una fuente refractaria y hornéelas de 35 a 40 minutos, hasta que estén tiernas.

4. Mientras tanto, cueza el arroz según las indicaciones del envase.

5. Bata el tahín con el zumo de lima, la pimienta y la miel.

6. Incorpore la kale a las hortalizas 10 minutos antes de que finalice la cocción.

7. Escurra el arroz y repártalo entre 4 cuencos precalentados.

8. Rocíe las hortalizas con el aliño, sírvalas sobre el arroz y esparza la almendra tostada por encima.

ENSALADA
DE SUSHI

RACIONES: *4* | **PREPARACIÓN:** *15 min, más enfriado* | **COCCIÓN:** *10 min*

INGREDIENTES

300 g/10½ oz de arroz para sushi

2 cucharadas de vinagre de arroz

1 cucharadita de azúcar

1 aguacate (palta) grande pelado, deshuesado (descarozado) y en láminas

200 g/7 oz de atún en láminas finas

200 g/7 oz de salmón en láminas finas

el zumo (jugo) de ½ lima (limón)

4 hojas de alga nori en tiras finas

¼ de pepino en bastoncillos

2 cucharadas de cebollino (cebollín) picado

1 cucharada de semillas de sésamo negro

4 cucharadas de salsa de soja sin gluten, para servir

1. Cueza el arroz según las indicaciones del envase. Cuando el arroz haya absorbido toda el agua y esté cocido, incorpore el vinagre y el azúcar, tápelo y déjelo enfriar.

2. Repártalo entre 4 cuencos.

3. Disponga el aguacate, el atún y el salmón por encima.

4. Rocíelo con el zumo de lima y esparza por encima las algas, el pepino, el cebollino y el sésamo.

5. Sírvalo con la salsa de soja.

HAMBURGUESAS DE ATÚN AL WASABI CON ENCURTIDOS

RACIONES: *4* | **PREPARACIÓN:** *30 min, más encurtido* | **COCCIÓN:** *15 min*

INGREDIENTES

*4 cucharadas de vinagre de vino
de arroz y 1 de azúcar*
125 ml/½ taza de agua
*½ cucharadita de semillas
de cilantro picadas*
*½ cucharadita de semillas
de mostaza, ½ pepino en rodajas*
2 zanahorias cortadas en tiras
6 rábanos en rodajitas
3 chalotes (escalonias) en rodajitas

HAMBURGUESAS DE ATÚN

*400 g/14 oz de filetes de atún
en trozos de 2,5 cm/1 in*
25 g/1 oz de cilantro picado
*la ralladura y el zumo (jugo)
de 1 lima (limón)*
*2 cucharaditas de wasabi sin gluten
en pasta*
*4 cebolletas (cebollas tiernas
o de verdeo) picadas*
*2 cucharadas de mayonesa
sin gluten, aceite de oliva*

CREMA DE LIMA

*4 cucharadas de nata (crema)
fresca espesa*
*la ralladura y el zumo (jugo)
de 1 lima (limón)*

1. Caliente el vinagre, el azúcar y el agua en un cazo a fuego medio hasta que el azúcar se disuelva. Apártelo del fuego y añada las semillas de cilantro y de mostaza.

2. Ponga el pepino, la zanahoria, el rábano y el chalote en un cazo o un tarro esterilizado y vierta el vinagre por encima. Déjelo reposar toda la noche o, por lo menos, 4 horas.

3. Ponga los filetes de atún en el robot de cocina y tritúrelos brevemente, hasta que queden picados pero no desechos. Páselo a un bol grande y mézclelo con el cilantro, la ralladura y el zumo de lima, el wasabi, la cebolleta y la mayonesa. Remuévalo bien y refrigérelo 15 minutos.

4. Mientras tanto, para preparar la crema a la lima, mezcle en un bol la nata con la ralladura y el zumo de lima, y resérvela.

5. Forme 4 hamburguesas con el picadillo de atún y píntelas con el aceite. Cuézalas en una plancha estriada 6 minutos por cada lado o hasta que estén en su punto.

6. Sirva las hamburguesas con los encurtidos y 1 cucharada de crema de lima.

BURRITOS DE QUINOA
Y ALUBIAS NEGRAS

UNIDADES: *8* | **PREPARACIÓN:** *30 min* | **COCCIÓN:** *20 min*

INGREDIENTES

*60 g/⅓ de taza de quinoa roja
enjuagada*

150 ml/⅔ de taza de agua

2 cucharadas de aceite vegetal

1 cebolla roja en dados

*1 guindilla (ají picante, pimiento
chico, chile) verde fresca,
despepitada (sin las semillas)
y en dados*

*1 pimiento (ají, morrón, chile) rojo
pequeño, despepitado (sin las
semillas) y en dados*

*400 g/1⅔ tazas de alubias (porotos,
frijoles) negras cocidas*

el zumo (jugo) de 1 lima (limón)

4 cucharadas de cilantro picado

2 tomates (jitomates)

*8 tortillas de harina sin gluten
calientes*

*125 g/1 taza generosa de cheddar
rallado*

*85 g/3 oz de lechuga romana
en juliana*

sal y pimienta (opcional)

1. Ponga la quinoa en un cazo con el agua. Llévelo a ebullición, tápelo y cuézalo a fuego lento 15 minutos. Aparte el cazo del fuego y manténgalo tapado otros 5 minutos para que la quinoa se hinche. Ahuéquela con un tenedor y resérvela.

2. Caliente el aceite en una sartén. Rehogue la mitad de la cebolla, de la guindilla y todo el pimiento hasta que se ablanden. Añada las alubias, la quinoa cocida y la mitad del zumo de lima y del cilantro. Rehóguelo unos minutos, removiendo, y salpimiente si lo desea.

3. Parta los tomates por la mitad, quíteles las semillas e incorpórelas a la mezcla de alubias. Corte los tomates en daditos y póngalos en un bol con el resto del cilantro, de la cebolla, de la guindilla y del zumo de lima. Sálelo si lo desea. Remueva bien.

4. Ponga 5 cucharadas de las alubias en cada tortilla. Reparta luego la ensalada de tomate, el queso y la lechuga. Doble la base y los lados de cada tortilla por encima del relleno, enróllelas y sirva los burritos enseguida.

CAPÍTULO CUATRO

CENA

ESPAGUETIS DE CALABACÍN CON SALSA DE ALMENDRA

RACIONES: *2* | PREPARACIÓN: *20 min, más remojo* | COCCIÓN: *ninguna*

INGREDIENTES

2 calabacines (zapallitos) cortados
   en espiral
1 cucharada de aceite de oliva
   prensado virgen extra
½ cucharadita de sal marina

SALSA DE ALMENDRA

100 g/⅔ de taza de almendras
   peladas, remojadas 2 horas,
   escurridas y enjuagadas
2 cucharadas de leche de almendra
1 diente grande de ajo picado
1 cebolleta (cebolla tierna
   o de verdeo) picada
2 cucharaditas de vinagre de sidra
½ cucharadita de sal marina

PARA SERVIR

6 trozos de tomates (jitomates)
   secados al sol
10 tomates (jitomates) pera enanos
   por la mitad
1 cebolleta (cebolla tierna
   o de verdeo) picada
2 ramitas de albahaca

1. Para preparar la salsa de ajo, triture las almendras en el robot de cocina hasta que estén bien molidas. Añada la leche de almendra, el ajo, la cebolleta, el vinagre y la sal, y tritúrelo hasta que se forme una pasta suave y cremosa. Pásela a un bol.

2. Mezcle los espirales de calabacines en el aceite y la sal, y repártalos entre 2 platos hondos.

3. Ponga una cucharada de salsa de ajo en el centro de cada plato y adórnelos con los tomates secados al sol, los tomates pera, la cebolleta picada y las ramitas de albahaca. Sírvalo enseguida.

HAMBURGUESAS DE QUINOA Y REMOLACHA

UNIDADES: 8 | **PREPARACIÓN:** 35 min, más refrigeración | **COCCIÓN:** 1 h y 10 min

INGREDIENTES

3-4 remolachas (betarragas,
  betabeles) pequeñas, peladas
  y en dados (unos 225 g/8 oz
  en total)
135 g/5 oz de quinoa enjuagada
350 ml/1½ tazas de caldo
  de verduras sin gluten
½ cebolla pequeña rallada
la ralladura fina de ½ limón
2 cucharaditas de comino en grano
½ cucharadita de sal
¼ de cucharadita de pimienta
1 clara de huevo poco batida
harina de quinoa, para espolvorear
aceite vegetal, para freír
8 rebanadas de pan de masa
  madre sin gluten tostado y hojas
  de ensalada, para acompañar

MANTEQUILLA DE WASABI

1½ cucharaditas de wasabi
  en polvo sin gluten
¾ de cucharadita de agua
  templada
70 g/5 cucharadas de mantequilla
  a temperatura ambiente

1. Cueza las remolachas en la vaporera 1 hora.

2. Mientras tanto, ponga la quinoa en un cazo con el caldo. Llévelo a ebullición, tápelo y cuézalo a fuego lento 10 minutos. Aparte el cazo del fuego y manténgalo tapado otros 10 minutos para que la quinoa se hinche. Ahuéquela con un tenedor y extiéndala en una bandeja para que se seque.

3. Para preparar la mantequilla, disuelva el wasabi en el agua. Incorpore la mantequilla, remueva bien y resérvela en el frigorífico.

4. Ponga la remolacha en el robot de cocina y tritúrela. Pásela a un bol y mézclala con la quinoa, la cebolla, la ralladura de limón, el comino, la sal, la pimienta y la clara de huevo.

5. Divida la pasta en 8 porciones y deles forma de hamburguesa de 15 mm (⅝ in) de grosor, compactándolas bien. Espolvoréelas con un poco de harina de quinoa.

6. Vierta en una sartén antiadherente un hilo fino de aceite y caliéntelo. Eche las hamburguesas y fríalas a fuego medio-fuerte unos 2 minutos por cada lado, dándoles la vuelta con cuidado.

7. Coloque las hamburguesas sobre las tostadas y sírvalas con la mantequilla de wasabi y hojas de ensalada.

PASTA
CON SETAS

RACIONES: *4* | **PREPARACIÓN:** *15 min* | **COCCIÓN:** *25-30 min*

INGREDIENTES

300 g/10½ oz de penne sin gluten

2 cucharadas de aceite de oliva

250 g/9 oz de champiñones
* en láminas*

1 cucharadita de orégano seco

250 ml/1 taza de caldo de verduras
* sin gluten*

1 cucharada de zumo (jugo)
* de limón*

6 cucharadas de queso cremoso
* natural*

200 g/7 oz de hojas de espinaca
* descongeladas*

sal y pimienta (opcional)

1. Lleve una olla de agua a ebullición, agregando sal si lo desea. Eche la pasta y cuézala según las instrucciones del envase. Escúrrala, reservando 175 ml (¾ de taza) del líquido de cocción.

2. Mientras tanto, en una sartén grande de base gruesa, caliente el aceite a fuego medio, eche los champiñones y rehóguelos, removiendo con frecuencia, 8 minutos, hasta que empiecen a estar tiernos. Añada el orégano, el caldo y el zumo de limón, y cuézalo de 10 a 12 minutos, o hasta que el líquido se haya reducido a la mitad.

3. Agregue el queso cremoso y las espinacas, y continúe con la cocción entre 3 y 5 minutos a fuego bajo-medio. Vierta el líquido reservado y, a continuación, la pasta cocida. Remueva, salpimiente si lo desea y caliéntelo bien antes de servirlo.

ARROZ CON ALUBIAS
Y TOFU A LA JAMAICANA

RACIONES: *4* | **PREPARACIÓN:** *15 min* | **COCCIÓN:** *15-20 min*

INGREDIENTES

*250 g/9 oz de tofu consistente
en dados*

*2 cucharadas de tomillo fresco
picado, y unas ramitas para
adornar*

2 cucharadas de aceite de oliva

1 cebolla en rodajas

1 diente de ajo picado

*1 guindilla (ají picante, pimiento
chico, chile) roja pequeña, sin las
semillas y picada*

*400 ml/1⅔ tazas de caldo
sin gluten*

200 g/7 oz de arroz basmati

4 cucharadas de coco cremoso

*400 g/14 oz de alubias (porotos) rojas
cocidas, escurridas y enjuagadas*

sal y pimienta (opcional)

1. Reboce el tofu por la mitad del tomillo picado y salpimiéntelo.

2. Caliente 1 cucharada de aceite en una cazuela y rehogue el tofu, removiendo de vez en cuando, 2 minutos. Retírelo de la cazuela y resérvelo caliente.

3. Vierta el resto del aceite en la cazuela y rehogue la cebolla, removiendo, 3 o 4 minutos. Incorpore el ajo, la guindilla y el resto del tomillo picado, vierta el caldo y llévelo a ebullición. Eche el arroz, baje el fuego, tápelo y cuézalo despacio de 12 a 15 minutos, hasta que el arroz esté tierno.

4. Incorpore el coco y las alubias, salpimiente si lo desea y cuézalo a fuego lento 2 o 3 minutos. Reparta el tofu por encima del arroz y sírvalo caliente, adornado con unas ramitas de tomillo.

ESTOFADO DE COLIFLOR
Y JUDIONES

RACIONES: *4* | **PREPARACIÓN:** *20 min* | **COCCIÓN:** *35 min*

INGREDIENTES

2 cucharadas de aceite de oliva

2 cebollas rojas grandes en rodajas

2 zanahorias en daditos

2 ramas de apio en daditos

3 dientes de ajo picados

400 g/14 oz de tomates (jitomates)
pera en su jugo

250 ml/1 taza de caldo de verduras
sin gluten

1 cucharada de concentrado de
tomates (jitomates) secados al sol
sin gluten

½ cucharada de hierbas secas
variadas

½ cucharadita de pimienta

400 g/14 oz de judiones (frijoles
grandes) cocidos, escurridos
y enjuagados

1 coliflor en ramitos

sal (opcional)

1 cucharadita de pimentón,
para adornar

1. Caliente el aceite a fuego medio-alto en una cazuela grande con tapa. Eche la cebolla, la zanahoria y el apio, y, removiendo de vez en cuando, rehóguelo 5 minutos, hasta que empiece a dorarse y a ablandarse. Añada el ajo y rehóguelo 1 minuto más.

2. Incorpore el tomate y su jugo, chafando los tomates enteros contra las paredes de la cazuela. Añada el caldo, el concentrado de tomate, las hierbas, la pimienta y, si lo desea, sal. Llévelo a ebullición, baje el fuego y tape la cazuela. Cuézalo 20 minutos más o hasta que las hortalizas estén tiernas.

3. Agregue los judiones, tape la cazuela y cuézalo 5 minutos más. Ponga la coliflor encima del estofado, vuelva a tapar la cazuela y prosiga con la cocción 5 minutos más, hasta que los tallos de la coliflor estén tiernos al pincharlos con un cuchillo afilado.

4. Adórnelo con el pimentón y sírvalo enseguida.

PASTEL DE CALABAZA
Y PIMIENTO ROJO

RACIONES: *8* | **PREPARACIÓN:** *55 min* | **COCCIÓN:** *1 h y 55 min-2 h y 15 min*

INGREDIENTES

1 calabaza (zapallo anco,
  zapallito), pelada y sin las pipas
  (semillas)
3 chirivías (pastinacas) grandes,
  limpias
2 pimientos (ajís, morrones) rojos,
  despepitados (sin las semillas)
3 cucharadas de harissa sin gluten
1 cucharada de aceite de oliva
1 cucharadita de sal
15 g/2 cucharadas de cilantro
  picado
100 ml /7 cucharadas de agua
1 kg/2 lb 4 oz de patatas (papas)
  harinosas peladas
50 ml/3½ cucharadas de leche
1 diente de ajo grande picado
sal y pimienta (opcional)

SALSA DE TOMATE ESPECIADA

2 cucharadas de aceite de oliva
1 cebolla roja picada
2 dientes de ajo grandes picados
1 cucharadita de comino en grano
400 g/1⅔ tazas de tomate
  (jitomate) pera troceado
  en conserva
1 cucharada de azúcar moreno
  claro
sal y pimienta (opcional)

1. Precaliente el horno a 200 °C (400 °F).

2. Para preparar la salsa, caliente el aceite a fuego lento en una cazuela grande y llana. Rehogue la cebolla 5 minutos. Incorpore el ajo y el comino, y prosiga con la cocción unos 2 minutos, removiendo. Añada el tomate, el azúcar y, si lo desea, y salpimiente. Cuézalo a fuego lento 30 minutos.

3. Mientras tanto, corte la calabaza, la chirivía y los pimientos en daditos de 3 cm (1¼ in) y mézclelos con la harissa, el aceite y la sal en un bol grande. Ponga las hortalizas en una fuente refractaria grande y llana. Áselas en el horno 30 minutos, hasta que estén tiernas y empiecen a caramelizarse.

4. Saque las hortalizas del horno y mézclelas con la salsa de tomate, el cilantro y el agua. Salpimiente si lo desea.

5. Parta las patatas por la mitad, póngalas en una cazuela grande y cúbralas con agua fría. Llévelo a ebullición y cuézalas de 20 a 25 minutos. Escúrralas bien. A continuación, devuélvalas a la cazuela, añada la leche y el ajo, y cháfelas hasta obtener un puré.

6. Pase las hortalizas asadas a una fuente refractaria de 2 litros (8 tazas) de capacidad y cúbralas con el puré de patata. Hornéelo de 30 a 40 minutos, hasta que se dore. Sírvalo enseguida.

SALMÓN EN PAPILLOTE
CON CILANTRO Y GRANADA

RACIONES: *4* | **PREPARACIÓN:** *10 min* | **COCCIÓN:** *15-20 min*

INGREDIENTES

4 filetes de salmón

2 cucharaditas de ras el hanout

1 cucharadita de escamas de sal marina

la ralladura y el zumo (jugo) de 1 limón sin tratar

2 cucharaditas de aceite de oliva

los granos de ½ granada

4 cucharadas de cilantro picado

1. Precaliente el horno a 180 °C (350 °F). Corte 4 rectángulos de papel vegetal suficientemente grandes como para envolver bien un filete de salmón y 4 rectángulos de papel de aluminio un poco más grandes. Coloque cada rectángulo de papel vegetal sobre un rectángulo de papel de aluminio. Ponga un filete de salmón en el centro de cada trozo de papel vegetal.

2. Condimente los filetes con el ras el hanout, la sal, el zumo y la ralladura de limón y el aceite, y esparza por encima la granada y el cilantro. Una los extremos largos del papel vegetal y dóblelos hacia abajo varias veces para formar un pliegue definido por encima del salmón y después remeta los extremos cortos por debajo. Haga lo mismo con el papel de aluminio para formar un papillote bien sellado.

3. Ponga los papillotes en la bandeja del horno. Áselo en la parte superior el horno de 15 a 20 minutos, hasta que el pescado esté hecho y se desmenuce fácilmente al presionarlo con un cuchillo. Sirva el salmón en los papillotes.

CABALLA ASADA
CON CUSCÚS DE COLIFLOR

RACIONES: *4* | **PREPARACIÓN:** *15 min* | **COCCIÓN:** *6 min*

INGREDIENTES

CUSCÚS DE COLIFLOR

1 coliflor en ramitos

1 cucharada de aceite de oliva
  virgen extra

el zumo (jugo) y la ralladura
  de 1 lima (limón)

1 guindilla (chile, ají picante,
  pimiento chico) roja, despepitada
  (sin las semillas) y picada

4 cebolletas (cebollas tiernas
  o de verdeo) picadas

1 diente de ajo picado

15 g/1½ cucharadas
  de perejil picado

10 g/1 cucharada de hojas
  de menta picadas

½ cucharadita de sal marina

½ cucharadita de pimienta

CABALLA

4 filetes de caballa con la piel,
  de unos 125 g/4½ oz

1 cucharada de aceite de oliva
  virgen extra

1 cucharadita de pimentón
  ahumado

1 lima (limón) en cuñas

1. Ralle la coliflor hasta obtener «granos» al estilo del cuscús. Añada el aceite, el zumo y la ralladura de lima, la guindilla, la cebolleta, el ajo, el perejil, la menta, la sal y la pimienta. Mézclelo bien.

2. Forre una plancha estriada con papel de aluminio y precaliéntela a fuego fuerte. Haga tres cortes en la piel del pescado con un cuchillo afilado y unte con los dedos, el aceite y el pimentón. Áselo con el lado de la piel hacia arriba 5 minutos o hasta que se dore, dele la vuelta con una espátula y cuézalo 1 minuto más.

3. Reparta el cuscús de coliflor entre 4 platos y coloque la caballa encima. Sirva los platos enseguida con las cuñas de lima.

CURRI DE PESCADO
CON COCO

RACIONES: *4* | **PREPARACIÓN:** *20 min* | **COCCIÓN:** *25-30 min*

INGREDIENTES

3 cucharadas de aceite de girasol

1 pimiento (ají, morrón) rojo en tiras

1 cucharadita de cúrcuma molida

*½ cucharadita, de cada, de comino
    cilantro y guindilla (ají picante,
    pimiento chico, chile) molidos*

5 hojas de curri

400 ml/1⅔ tazas de leche de coco

150 ml/⅔ de taza de crema de coco

50 ml/3½ cucharadas de agua

*400 g/1⅔ tazas de garbanzos
    (chícharos) cocidos, escurridos
    y enjuagados*

100 g/3½ oz de espinacas tiernas

*200 g/7 oz de gambas (camarones)
    peladas y sin el hilo intestinal*

*200 g/7 oz de filetes de bacalao
    sin la piel y troceado*

*2 cucharaditas de semillas
    de mostaza*

el zumo (jugo) de 1 lima (limón)

PASTA DE CURRI

*25 g/¼ de taza de anacardos
    (nueces de la India)*

3 chalotes (escalonias) picados

1 guindilla roja grande picada

25 g/1 oz de hojas de cilantro

2 dientes de ajo picados

2 cucharadas de jengibre rallado

1. Para preparar la pasta de curri, primero debe tostar los anacardos. Caliente una sartén grande a fuego medio. Eche los anacardos y tuéstelos, removiendo con frecuencia, hasta que estén apenas dorados. En la picadora, triture el chalote, la guindilla, la mitad del cilantro, el ajo, el jengibre y los anacardos hasta que se forme una pasta homogénea.

2. Caliente el aceite a fuego medio en una cazuela grande de base gruesa. Rehogue el pimiento 5 minutos o hasta que empiece a ablandarse. Eche la pasta de curri y rehóguelo 3 minutos. Añada la cúrcuma, el comino, el cilantro y la guindilla molidos y prosiga con la cocción 1 minuto.

3. Añada las hojas de curri, la leche y la crema de coco, y el agua. Suba el fuego, llévelo a ebullición, baje la temperatura y cuézalo de 10 a 15 minutos. Incorpore los garbanzos y cuézalo 5 minutos más. A continuación, añada las espinacas, las gambas y el bacalao, y cuézalo 2 o 3 minutos.

4. Adórnelo con las semillas de mostaza, el zumo de lima y el cilantro restante, y sírvalo enseguida.

CABALLA SOBRE LECHO DE JUDIONES

RACIONES: *4* | **PREPARACIÓN:** *20 min* | **COCCIÓN:** *35-40 min*

INGREDIENTES

2 cucharadas de aceite de oliva

5 chalotes (echalotes, escalonias)
en rodajas

3 dientes de ajo en láminas

150 g/5½ oz de brócoli en ramitos

400 g/1½ tazas de judiones (frijoles
grandes) cocidos, escurridos
y enjuagados

2 calabacines (zapallitos) rallados

100 ml/7 cucharadas de caldo
de verduras sin gluten

100 ml/7 cucharadas de nata
(crema) extragrasa

10 g/cucharada de albahaca
picada

4 filetes de caballa de 90 g/3¼ oz,
sin espinas pero con la piel

sal y pimienta (opcional)

1. Precaliente el horno a 180 °C (350 °F).

2. Caliente la mitad del aceite en una sartén a fuego fuerte. Rehogue el chalote y el ajo 3 o 4 minutos, hasta que se doren. Apártelo del fuego y resérvelo.

3. Lleve agua a ebullición en una olla pequeña y eche el brócoli. Cuézalo 5 o 6 minutos, hasta que empiece a ablandarse. Escúrralo y resérvelo.

4. Pase el sofrito de chalote y ajo, los judiones, el calabacín, el caldo, la nata, la mitad de la albahaca y el brócoli a una fuente refractaria de 2 litros (8 tazas) de capacidad, y mezcle bien. Tápelo con papel de aluminio y hornéelo 20 minutos.

5. En una sartén antiadherente grande, caliente el aceite restante a fuego fuerte. Coloque los filetes de caballa con la piel hacia abajo, presiónelos un poco y fríalos 3 minutos, hasta que la piel esté crujiente. Retírelos de la sartén sin freír el lado carnoso.

6. Saque las hortalizas del horno y quite el papel de aluminio. Ponga los filetes sobre la mezcla con el lado carnoso hacia arriba. Salpimiente al gusto, si lo desea, y vuelva a hornearlo 4 o 5 minutos, hasta que la caballa esté hecha. Sírvalo adornado con la albahaca restante.

PEPERONATA
DE POLLO

RACIONES: *4* | **PREPARACIÓN:** *15 min* | **COCCIÓN:** *35 min*

INGREDIENTES

2 pimientos (ajís, morrones, chiles)
    rojos, despepitados (sin las
    semillas) y en tiras
2 pimientos (ajís, morrones, chiles)
    amarillos, despepitados (sin las
    semillas) y en tiras
1 cucharada de aceite de oliva
2 cebollas rojas en rodajas finas
300 g/10½ oz de penne sin gluten
4 pechugas de pollo sin la piel
2 dientes de ajo picados
50 g/1¾ oz de albahaca picada
2 cucharadas de vinagre balsámico
2 cucharadas de virutas
    de parmesano
sal y pimienta (opcional)

1. Para preparar la peperonata, ponga los pimientos y el aceite en una sartén a fuego medio. Tápelo y rehóguelo 15 minutos. Añada la cebolla y cuézalo 15 minutos más.

2. Mientras tanto, cueza la pasta según las indicaciones del envase.

3. Caliente una plancha estriada a fuego fuerte y ase el pollo de 6 a 8 minutos por cada lado, hasta que esté bien hecho.

4. Incorpore el ajo y la albahaca a la mezcla de pimientos. A continuación, vierta el vinagre y cuézalo entre 2 y 3 minutos.

5. Escurra la pasta y mézclela con la peperonata. Salpimiente si lo desea.

6. Corte las pechugas de pollo en tiras al bies. Reparta la pasta entre 4 cuencos precalentados. Corónelos con el pollo y las virutas de parmesano.

POLLO CON ARROZ Y TOMATES CHERRY A LA ITALIANA

RACIONES: *6* | **PREPARACIÓN:** *20 min* | **COCCIÓN:** *1 h*

INGREDIENTES

*250 g/9 oz de arroz integral
   enjuagado*
*6 muslos de pollo deshuesados
   (unos 550 g/1 lb 4 oz en total)*
2 cucharadas de aceite de oliva
1 cebolla roja en rodajas
3 ramitas de tomillo fresco
*el zumo (jugo) y la ralladura
   de 1 limón*
3 dientes de ajo picados
*200 g/1½ tazas de tomates
   (jitomates) cherry*
*50 g/1¾ oz de aceitunas negras
   deshuesadas (descarozadas)
   y picadas*
*15 g/1 cucharada de albahaca
   picada*
*125 g/1 taza generosa de
   mozzarella de búfala, troceada*
*40 g/⅓ de taza generosa
   de parmesano rallado*
40 g/⅓ de taza de piñones
sal y pimienta (opcional)

1. Precaliente el horno a 180 °C (350 °F).

2. Ponga a hervir agua en una olla grande a fuego fuerte. Baje el fuego, eche el arroz y déjelo hervir 25 o 30 minutos, hasta que esté al dente.

3. Mientras tanto, ponga en una fuente refractaria el pollo, 1 cucharada de aceite, la cebolla, el tomillo, el zumo y la ralladura de limón y el ajo. Salpimiente si lo desea y hornéelo 10 minutos.

4. Rocíe el pollo con su jugo, añada los tomates y prosiga con la cocción 10 minutos, hasta que el pollo esté tierno y al pinchar la parte más carnosa con una brocheta, salga un jugo claro. Sáquelo del horno y déjelo enfriar.

5. Escurra el arroz y mézclelo con el jugo de la cocción, la cebolla, el tomate, las aceitunas y la albahaca.

6. Suba la temperatura del horno a 200 °C (400 °F). Pase la mezcla de arroz a una fuente refractaria y ponga el pollo encima. Añada la mozzarella y el parmesano. Esparza los piñones y rocíelo con el resto del aceite. Hornéelo 10 minutos más, hasta que la mozzarella esté dorada y empiece a borbotear.

POLLO A LA CRIOLLA
CON CHIRIVÍA

RACIONES: *4* | **PREPARACIÓN:** *15 min* | **COCCIÓN:** *25 min*

INGREDIENTES

2 cucharadas de aceite vegetal
virgen extra
4 filetes de pechuga de pollo
pequeños, cortados en 3 trozos
1 cebolla grande en rodajas
2 ramas de apio picadas
1 pimiento (ají, morrón, chile)
verde, despepitado (sin las
semillas) y en tiras finas
1 pimiento (ají, morrón, chile)
amarillo, despepitado (sin las
semillas) y en tiras finas
2 dientes de ajo picados
1 cucharadita de pimentón
ahumado
300 g/1¼ tazas de tomate
(jitomate) troceado en conserva
1 cucharadita de sal marina
1 cucharadita de pimienta
2 chirivías (pastinacas) grandes
troceadas
1 cucharada de semillas
de cáñamo
4 cucharadas de hojas de cilantro
4 ramitas de cilantro, para adornar

1. Caliente la mitad del aceite en una sartén grande a fuego fuerte. Eche el pollo y rehóguelo 2 minutos, hasta que empiece a tomar color. Retírelo con una espátula, páselo a un plato y resérvelo.

2. Eche la cebolla, el apio y el pimiento en la sartén con la mitad del aceite restante. Baje el fuego a temperatura media y rehóguelo, removiendo con frecuencia, unos 10 minutos, o hasta que las hortalizas estén tiernas y comiencen a dorarse.

3. Añada el ajo y el pimentón y remueva 30 segundos. Agregue el tomate y la mitad de la sal y de la pimienta. Devuelva el pollo a la sartén y déjelo a fuego lento 10 minutos.

4. Mientras tanto, ponga los trozos de chirivía en el robot de cocina. Tritúrelos a potencia alta hasta que parezcan granos de arroz e incorpore las semillas de cáñamo y el resto de la sal y la pimienta.

5. Caliente el aceite restante en una sartén a fuego medio. Eche la chirivía y saltéela 2 minutos. A continuación, añada las hojas de cilantro. Sirva el pollo sobre la chirivía y adórnelo con las ramitas de cilantro.

CHILI
DE POLLO

RACIONES: 6 | **PREPARACIÓN:** 15 min | **COCCIÓN:** 40 min

INGREDIENTES

1 cucharada de aceite vegetal

1 cebolla en dados

2 dientes de ajo picados

1 pimiento (ají, morrón, chile)
verde, despepitado (sin las
semillas) y en dados

1 chile jalapeño verde pequeño,
despepitado (sin las semillas)
y en dados

2 cucharaditas de guindilla
(ají picante, pimiento chico,
chile) molida

2 cucharaditas de orégano seco

1 cucharadita de comino molido

1 cucharadita de sal

500 g/2 tazas escasas de alubias
blancas (chícharos blancos)
en conserva escurridas
y enjuagadas

700 ml/3 tazas de caldo de pollo
sin gluten

450 g/1 lb de pechuga de pollo
cocida y en tiras

el zumo (jugo) de 1 lima (limón)

25 g/2 cucharadas de cilantro
picado, y unas hojas para
adornar

1. Caliente el aceite a fuego medio-fuerte en una cazuela grande de base gruesa. Rehogue la cebolla, el ajo, el pimiento y el jalapeño, removiendo de vez en cuando, 5 minutos o hasta que estén tiernos.

2. Añada la guindilla molida, el orégano, el comino y la sal, y rehóguelo 30 segundos más, removiendo. Eche las alubias y caldo, y llévelo a ebullición. Baje el fuego a medio-lento y cuézalo, sin tapar, unos 20 minutos.

3. Con un cucharón, pase aproximadamente la mitad de las alubias a la batidora de vaso o el robot de cocina y tritúrelas. Devuelva el puré a la cazuela y añada el pollo. Cuézalo despacio 10 minutos, hasta que el pollo se haya calentado. Incorpore el zumo de lima y el cilantro, adórnelo con unas hojas de cilantro y sírvalo enseguida.

PAVO AL TAMARINDO
CON ESPAGUETIS DE CALABACÍN

RACIONES: *4* | **PREPARACIÓN:** *15 min* | **COCCIÓN:** *10 min*

INGREDIENTES

500 g/1 lb 2 oz de pechuga de pavo
en dados
1½ cucharadas de tamari
sin gluten
3 calabacines (zapallitos)
1½ cucharadas de aceite de
cacahuete (cacahuate, maní)
85 g/3 oz de quingombó (gumbo,
okra, ají turco) pequeño
1 trozo de jengibre o galanga
(jengibre de Siam) de 2-5 cm/
1 in rallado
3 dientes de ajo picados
1 guindilla (ají picante, pimiento
chico, chile) roja grande picada
1 tallo de limoncillo chafado
2 cucharadas de vino de arroz

SALSA DE TAMARINDO

1 cucharada de pasta
de tamarindo
100 ml/7 cucharadas de caldo
de pollo sin gluten
2 cucharaditas de salsa de pescado
tailandesa sin gluten
1 cucharada de azúcar de palma
1 cucharadita de harina de maíz
(elote, choclo)

1. Mezcle el pavo con 1 cucharada de tamari y déjelo macerar 5 minutos.

2. Mientras tanto, prepare la salsa de tamarindo mezclando bien todos los ingredientes en un cuenco. Corte los calabacines en tiritas con un cortador de hortalizas.

3. Caliente la mitad del aceite en una sartén grande a fuego medio-fuerte y sofría el pavo 3 minutos, o hasta que esté bien hecho. Con una espumadera, páselo a un plato precalentado. Baje el fuego a temperatura moderada.

4. Eche el quingombó en la sartén con el aceite restante y sofríalo 2 minutos, removiendo de vez en cuando. Añada la galanga, el ajo, la guindilla, el limoncillo, el vino de arroz y el tamari restante, y prosiga con la cocción 2 minutos más, removiendo. Devuelva el pavo a la sartén y eche la salsa de tamarindo. Remuévalo bien y cuézalo unos 3 minutos. Si la salsa quedara demasiado espesa, dilúyala con un poco más de caldo o agua.

5. Mientras se hace la salsa, cueza al vapor los espaguetis de calabacín sobre un cazo de agua hirviendo 30 segundos para que se ablanden y se calienten. Retire el limoncillo de la preparación de pavo y sírvalo enseguida con los espaguetis de calabacín.

SALCHICHAS CON PIMIENTOS ROJOS Y LENTEJAS

RACIONES: *4* | **PREPARACIÓN:** *20 min* | **COCCIÓN:** *55 min-1 h y 10 min*

INGREDIENTES

*250 g/1¼ tazas de lentejas verdinas
  enjuagadas*

5 cucharadas de aceite de oliva

el zumo (jugo) de ½ limón

*2 pimientos (ajís, morrones, chiles)
  rojos, despepitados (sin las
  semillas) y partidos por la mitad*

*6 salchichas de cerdo grandes sin
  gluten (unos 400 g/14 oz en total)*

*1 cabeza de ajos partida por la
  mitad*

3 ramitas de romero fresco

sal y pimienta (opcional)

1. Precaliente el horno a 200 °C (400 °F).

2. Ponga las lentejas en una olla a fuego fuerte y cúbralas con agua. Llévelo a ebullición, baje el fuego y cuézalas de 15 a 20 minutos, hasta que estén tiernas, pero aún firmes. Escúrralas y añádales 2 cucharadas de aceite y el zumo de limón. Salpimiente si lo desea.

3. Precaliente el gratinador al máximo. Disponga los pimientos en la bandeja del horno con el lado del corte hacia abajo y áselos de 15 a 20 minutos, hasta que estén chamuscados y completamente negros. Póngalos en un bol, tápelo con film transparente y deje que se enfríen. Luego pélelos y córtelos en tiras.

4. Mezcle los pimientos con las lentejas y póngalo todo en la bandeja del horno. Añada las salchichas, el ajo y el romero, rocíelo con el aceite restante y hornéelo de 25 a 30 minutos, hasta que las salchichas estén hechas y doradas. Sírvalo enseguida.

SOLOMILLO
AL CHIMICHURRI

RACIONES: *4* | **PREPARACIÓN:** *20 min* | **COCCIÓN:** *20 min, más reposo*

INGREDIENTES

*1 filete de solomillo de ternera
de 675-900 g/1 lb 8 oz-2 lb*

4 mazorcas de maíz (elote, choclo)

1 chalote (echalote, escalonia)

3 dientes de ajo

*4 cucharadas de vinagre de jerez
o de vino tinto*

60 g /2¼ oz de perejil

*1 cucharada de hojas de orégano
fresco*

*½ cucharadita de copos de
guindilla (ají picante, pimiento
chico, chile) roja picados*

125 ml /½ taza de aceite de oliva

el zumo (jugo) de 1 limón

sal y pimienta (opcional)

1. Precaliente el gratinador a temperatura media-fuerte. Si lo desea, salpimiente generosamente la carne. Retire la farfolla y las hebras de las mazorcas y envuélvalas por separado en papel de aluminio.

2. Pique bien el chalote y el ajo, y póngalos en un cuenco con el vinagre y, si lo desea, 1 cucharadita de sal. Pique bien el perejil y el orégano y añádalos al vinagre con los copos de guindilla. Incorpore el aceite, batiendo con las varillas, y luego el zumo de limón. Ponga las mazorcas y el filete en la rejilla del gratinador. Ase la carne, dándole la vuelta una vez, unos 4 minutos por cada lado si le gusta poco hecha, hasta que esté bien sellada por fuera. Ase las mazorcas 15 minutos en total, dándoles la vuelta de vez en cuando.

3. Pase el solomillo a una tabla de cortar y déjelo reposar 4 minutos. Córtelo contra la veta en tiras de 5 mm (¼ in) de grosor. Sirva la carne con el chimichurri y las mazorcas de maíz.

BISTEC CON SALSA
DE BERROS Y PATATAS

RACIONES: *4* | **PREPARACIÓN:** *25 min, más refrigeración* | **COCCIÓN:** *45 min-1 h*

INGREDIENTES

*85 g/6 cucharadas de mantequilla
sin sal, ablandada*

*4 cucharadas de berros picados,
y unas ramitas para adornar*

*4 filetes de solomillo de unos
225 g/8 oz*

*4 cucharaditas de salsa de
guindilla (ají picante, pimiento
chico, chile) picante sin gluten*

sal y pimienta (opcional)

PATATAS

*450 g/1 lb de patatas (papas)
peladas*

2 cucharadas de aceite de girasol

1. Para preparar las patatas, precaliente el horno a 200 °C (400 °F). Córtelas en tiras gruesas del mismo tamaño. Enjuáguelas con agua fría y séquelas bien con un paño de cocina. Póngalas en un bol, añada el aceite y remuévalas para que se impregnen bien.

2. Extienda las patatas en una capa uniforme en la bandeja del horno y áselas de 40 a 45 minutos, dándoles la vuelta una vez, hasta que se doren.

3. Ponga la mantequilla en un cuenco, añada los berros y bátalo con un tenedor hasta que ambos ingredientes queden totalmente ligados. Tápelo con film transparente y refrigérelo hasta el momento de servir el plato.

4. Precaliente una plancha estriada a fuego fuerte. Rocíe cada filete con 1 cucharadita de salsa de guindilla picante de manera que queden bien cubiertos. Salpimiente si lo desea.

5. Ase los filetes en la plancha 2½ minutos por cada lado si le gusta la carne poco hecha, 4 minutos por cada lado si la prefiere al punto o 6 minutos por cada lado si le gusta muy hecha. Repártalos entre 4 platos precalentados y sírvalos enseguida con la salsa de berros por encima, adornados con las ramitas de berro y las patatas para acompañar.

ALBÓNDIGAS ESPECIADAS CON SALSA DE TOMATE

RACIONES: *4* | **PREPARACIÓN:** *20 min, más refrigeración* | **COCCIÓN:** *45-50 min*

INGREDIENTES
ALBÓNDIGAS

*400 g/14 oz de carne picada
de ternera*

*5½ cucharaditas de copos de
guindilla (ají picante, pimiento
chico, chile)*

*50 g/⅓ de taza de orejones de
albaricoque (damasco) picados*

*2 cebolletas (cebollas tiernas
o de verdeo) picadas*

1 huevo

2 cucharadas de harina sin gluten

1 cucharada de aceite de oliva

sal y pimienta (opcional)

*1 cucharada de perejil picado,
para adornar*

*arroz blanco, cocido al vapor,
para acompañar*

SALSA DE TOMATE

1 cucharada de aceite de oliva

½ cebolla troceada

3 dientes de ajo en láminas

1 cucharadita de comino molido

*1 cucharada de concentrado de
tomate (jitomate) sin gluten*

*400 g/1⅔ tazas de tomate
(jitomate) troceado en conserva*

sal y pimienta (opcional)

1. Para preparar la salsa de tomate, caliente el aceite a fuego medio en un cazo. Rehogue la cebolla 4 o 5 minutos. Aparte el cazo del fuego y déjelo enfriar.

2. Mientras tanto, para preparar las albóndigas, ponga la carne picada, la guindilla, los orejones y la cebolleta en un bol grande. Bata un poco el huevo y añádalo. Salpimiente si lo desea y mézclelo.

3. Forme 12 albóndigas del mismo tamaño con la mezcla. Esparza la harina en una bandeja y reboce las albóndigas. Refrigérelas 10 minutos.

4. Caliente el aceite en una sartén, eche las albóndigas y fríalas 5 minutos a fuego medio-fuerte sin moverlas. Deles la vuelta y fríalas 5 minutos más. Retírelas de la sartén y resérvelas.

5. Eche la cebolla enfriada en la sartén con el ajo y el comino. Cuézalo a fuego medio-lento 1 o 2 minutos y añada el concentrado de tomate y el tomate troceado. Salpimiente la mezcla si lo desea.

6. Cueza la salsa 2 o 3 minutose incorpore las albóndigas. Tape la sartén y cuézalo todo a fuego lento 20 minutos, hasta que las albóndigas estén bien calientes. Adórnelo con perejil picado y sírvalo con arroz para acompañar.

TERNERA SALTEADA
CON BRÓCOLI Y COLIFLOR

RACIONES: *4* | **PREPARACIÓN:** *8 min* | **COCCIÓN:** *8-12 min*

INGREDIENTES

la ralladura y el zumo (jugo)
   de 1 naranja
2 cucharadas de salsa de soja
   sin gluten
2 cucharadas de aceite de sésamo
250 g/9 oz de brotes de brócoli
   violeta
200 g/7 oz de coliflor en ramitos
1 cucharada de aceite de coco
1 trozo de jengibre de 5 cm/2 in
   pelado y rallado
1 diente de ajo pelado y en láminas
1 guindilla (ají picante, pimiento
   chico, chile) roja, despepitada
   (sin las semillas) y en dados
400 g/14 oz de bistecs de ternera
   en tiras finas
1 pimiento (ají, morrón, chile) rojo,
   despepitado (sin las semillas)
   y en rodajas finas
55 g/2 oz de tirabeques (bisaltos,
   ejotes, arvejas planas) en tiras
2 cucharadas de semillas
   de sésamo tostadas

1. Mezcle el zumo de naranja con la ralladura, la salsa de soja y el sésamo en un cuenco.

2. Ponga agua a hervir en una olla, escalde el brócoli y la coliflor 2 minutos y escúrralos.

3. Caliente el aceite de coco en un wok o una sartén grande, eche el jengibre, el ajo, la guindilla y la carne, y saltéelo todo hasta que la carne esté dorada. Retírelo con la espumadera.

4. Eche en la sartén el pimiento, los tirabeques, el brócoli y la coliflor, añada la mezcla de zumo de naranja, tápelo y rehóguelo unos 2 o 3 minutos.

5. Vuelva a echar la carne y saltéelo todo 1 o 2 minutos, sírvalo en platos precalentados y esparza el sésamo tostado por encima.

PINCHITOS
DE CORDERO

RACIONES: *4* | **PREPARACIÓN:** *25 min, más refrigeración* | **COCCIÓN:** *30 min*

INGREDIENTES

250 g/9 oz de carne magra
  de cordero picada
1 cebolla picada
1 cucharada de cilantro picado
1 cucharada de perejil picado
½ cucharadita de cilantro molido
¼ de cucharadita de guindilla
  (ají picante, pimiento chico, chile)
  molida
aceite vegetal, para pintar
sal y pimienta (opcional)

PURÉ DE GARBANZOS

1 cucharada de aceite de oliva
2 dientes de ajo picados
400 g/1⅔ tazas escasas de
  garbanzos (chícharos) cocidos,
  escurridos y enjuagados
50 ml/3½ cucharadas de leche
2 cucharadas de cilantro picado
sal y pimienta (opcional)
ramitas de cilantro, para adornar

1. Necesitará 16 brochetas de madera para esta receta. En el robot de cocina, pique bien la carne con la cebolla, las hierbas, las especias y, si lo desea, sal y pimienta.

2. Divida el picadillo en 12 porciones y, con las manos humedecidas, deles forma de salchicha alrededor de unas brochetas de madera, previamente remojadas para que no se quemen durante la cocción. Tape las brochetas y refrigérelas 30 minutos.

3. Para asarlas, píntelas con un poco de aceite y precaliente una plancha estriada a fuego medio. Áselas en dos tandas, dándoles la vuelta de vez en cuando, 10 minutos, hasta que se doren uniformemente y estén hechas.

4. Para preparar el puré de garbanzos, caliente el aceite en un cazo y sofría el ajo a fuego lento 2 minutos. Eche los garbanzos y la leche, y caliéntelo unos minutos. Tritúrelo en el robot de cocina o la batidora hasta obtener un puré. Salpimiéntelo, si lo desea, e incorpore el cilantro picado. Adórnelo con ramitas de cilantro y sírvalo con los pinchos.

CAPÍTULO CINCO

POSTRES, PAN Y REPOSTERÍA

CRUMBLE DE RUIBARBO Y MORAS

RACIONES: *6* | **PREPARACIÓN:** *25 min* | **COCCIÓN:** *50-55 min*

INGREDIENTES

8-10 tallos de ruibarbo (unos 800
g/28 oz) en trozos del tamaño
de un bocado
8 cucharadas de azúcar
250 g/1¾ tazas de moras
½ cucharadita de esencia
de vainilla
½ cucharadita de jengibre molido

COBERTURA CRUJIENTE

100 g/7 cucharadas de
mantequilla, y un poco más
para untar
200 g/1⅓ tazas generosas
de harina sin gluten
100 g/7 cucharadas de azúcar
demerara
15 g/⅓ de taza de almendra
laminada

1. Precaliente el horno a 180 °C (350 °F). Unte con mantequilla una fuente refractaria de 23 cm (9 in) de diámetro.

2. Ponga el ruibarbo en la bandeja del horno, espolvoréelo con el azúcar y áselo de 12 a 15 minutos.

3. Pase el ruibarbo a la fuente preparada y añada las moras, la esencia de vainilla y el jengibre.

4. Para preparar la cobertura, incorpore la mantequilla a la harina con los dedos hasta que adquiera una textura de pan rallado. Añada el azúcar y la almendra. Cubra el ruibarbo con la cobertura crujiente y hornéelo de 35 a 40 minutos, hasta que se dore.

QUINOA CON LECHE DE COCO Y MANGO

RACIONES: *4* | **PREPARACIÓN:** *15 min, más reposo* | **COCCIÓN:** *25-30 min*

INGREDIENTES

300 ml/1¼ tazas de leche de coco

115 g/⅔ de taza de quinoa blanca enjuagada

1 mango grande maduro de unos 550 g/1 lb 4 oz

75 g/⅓ de taza de azúcar

el zumo (jugo) de 1 lima grande

1 trozo de jengibre de 4 cm /1½ in cortado en trocitos

100 g/⅔ de taza de arándanos (moras azules)

4 cucharadas de virutas de coco

4 cuñas de lima, para adornar

1. Ponga la leche de coco y la quinoa en un cazo y llévelo a ebullición a fuego medio. Baje el fuego al mínimo, tápelo y cuézalo de 15 a 20 minutos, hasta que se haya evaporado casi toda la leche. Aparte el cazo del fuego, pero déjelo tapado 10 minutos para que la quinoa se hinche. Ahuéquela con un tenedor y déjela enfriar en un bol.

2. Mientras tanto, pele el mango, retírele el hueso y trocee la pulpa (necesitará 350 g/12 oz). Póngalo en el robot de cocina con el azúcar y el zumo de lima. Triture el jengibre con el prensador de ajos y añádalo al mango. Tritúrelo 30 segundos, hasta obtener un puré.

3. Mezcle el puré de mango con la quinoa enfriada y déjelo reposar 30 minutos.

4. Repártalo entre 4 cuencos y esparza los arándanos y las virutas de coco por encima. Adórnelo con las cuñas de lima y sírvalo.

BATIDO DE TARTA
DE CALABAZA EN BOL

RACIONES: *4* | **PREPARACIÓN:** *15 min* | **COCCIÓN:** *12-15 min*

INGREDIENTES

800 g/1 lb 12 oz de calabaza
(zapallo anco, zapallito) pelada,
sin las pipas (semillas) y
troceada
2 plátanos (bananas) troceados
1 cucharada de aceite de coco
½ cucharadita de canela molida
3 cucharadas de jarabe de arce
400 g/1½ tazas de yogur griego
natural
3 cucharadas de pipas de calabaza
(semillas de zapallo anco)
tostadas
2 cucharadas de semillas
de sésamo tostadas
¼ de cucharadita de nuez moscada
rallada

1. Ponga la calabaza en una cazuela con un poco de agua y llévelo a ebullición. Cuézala entre 12 y 15 minutos, hasta que se ablande.

2. Escúrrala, devuélvala a la cazuela y añada el plátano, el aceite de coco, la canela y el jarabe de arce. Cháfelo todo hasta que adquiera una consistencia homogénea.

3. Reparta la mezcla entre 4 cuencos y corone cada uno con yogur.

4. Esparza las pipas, las semillas y la nuez moscada por encima. Sírvalo templado o frío.

ARROZ CON LECHE
DE COCO Y GRANADA

RACIONES: *4* | **PREPARACIÓN:** *15 min, más refrigeración* | **COCCIÓN:** *45-50 min*

INGREDIENTES

55 g/2 oz de arroz con leche

200 ml/¾ de taza generosa de leche
de coco desnatada (descremada)

200 ml/¾ de taza de leche
de almendra

25 g/2 cucharadas de azúcar
de caña

1 rama de canela

2 hojas de gelatina

1 granada desgranada

¼ de cucharadita de nuez moscada
rallada, para espolvorear

1. Ponga en un cazo el arroz con los dos tipos de leche, el azúcar y la canela, y caliéntelo a fuego fuerte. Llévelo casi a ebullición sin dejar de remover, baje el fuego, tape el cazo y deje que hierva a fuego lento, removiendo de vez en cuando, de 40 a 45 minutos o hasta que se absorba casi todo el líquido.

2. Mientras tanto, ponga la gelatina en un bol y cúbrala con agua fría. Déjela en remojo 10 minutos para que se ablande. Escúrrala, exprímala con las manos para que suelte toda el agua y échela en el arroz. Remuévalo con suavidad hasta que la gelatina se disuelva del todo.

3. Reparta el arroz con leche entre 4 moldes metálicos de 150 ml (¾ de taza) de capacidad y alíselo bien. Deje que se enfríe, tápelo y déjelo en el frigorífico hasta que cuaje.

4. Pase un cuchillo pequeño alrededor del contorno de los moldes. Sumerja brevemente la base de los moldes en un cuenco con agua caliente y desmolde el arroz con leche en 4 platos.

5. Distribuya los granos de granada por encima y luego espolvoree la nuez moscada. Sírvalo enseguida.

TARTA DE QUESO CON MANGO

PORCIONES: *8* | **PREPARACIÓN:** *20 min, más enfriado y refrigeración* | **COCCIÓN:** *40-45 min*

INGREDIENTES

70 g/5 cucharadas de mantequilla, y un poco más para untar

175 g/1 taza de galletas sin gluten trituradas (por ejemplo, galletas digestivas)

40 g/⅓ de taza generosa de almendra molida

RELLENO

1 mango grande deshuesado (descarozado), pelado y en dados

el zumo (jugo) de 1 limón

200 g/¾ de taza generosa de yogur natural

1 cucharada de harina de maíz (elote, choclo) sin gluten

3 cucharadas de jarabe de arce

450 g/2 tazas escasas de queso cremoso natural

COBERTURA

3 cucharadas de jarabe de arce

1 mango pequeño deshuesado (descarozado), pelado y en láminas finas

1. Precaliente el horno a 180 °C (350 °F). Engrase un molde redondo desmontable de 23 cm (9 in) de diámetro con un poco de mantequilla. Para preparar la base de galletas, derrita la mantequilla en un cazo e incorpore la galleta triturada y la almendra. Presione la pasta contra la base del molde. Cuézala en el horno 10 minutos.

2. Mientras tanto, para preparar el relleno, triture el mango, el zumo, el yogur, la harina de maíz, el jarabe de arce y el queso cremoso en la batidora o el robot de cocina hasta que quede cremoso. Extiéndalo sobre la base y alíselo con el dorso de una cuchara. Hornee la tarta de 25 a 30 minutos, hasta que se dore y cuaje. Déjela en el molde hasta que esté templada, luego pásela a una rejilla metálica y llévela 30 minuto al frigorífico para que adquiera consistencia.

3. Para preparar la cobertura, caliente el jarabe de arce en una cazuela. Pinte la parte superior de la tarta con el jarabe. Añada el mango al resto del jarabe de arce en la sartén y cuézalo 1 minuto, removiendo. Deje que se temple y disponga las rodajas de mango sobre la tarta. Antes de servirla, rocíe por encima el resto del jarabe.

GRANIZADO DE MELOCOTÓN Y NARANJA

RACIONES: *4* | **PREPARACIÓN:** *10 min, más congelación* | **COCCIÓN:** *ninguna*

INGREDIENTES

el zumo (jugo) de 2 naranjas
grandes
4 melocotones (duraznos) sin
el hueso (carozo) y pelados
el zumo (jugo) de 1 lima
3 cucharadas de sirope de agave
crudo
la pulpa raspada de ½ vaina
de vainilla
1 naranja en rodajas, para adornar
4 hojas de menta, para adornar

1. Triture en la batidora el zumo de naranja con el melocotón, el zumo de lima, el sirope de agave y la vainilla hasta que quede homogéneo o hasta que queden solo unos trocitos de melocotón.

2. Páselo a un recipiente llano con tapa apto para el congelador y déjelo en el congelador 2 horas.

3. Remueva la mezcla con un tenedor, llevando los bordes congelados al centro. Vuelva a taparlo y congélelo 2 horas más.

4. Remueva otra vez y devuélvalo al congelador 1 hora más, hasta que el centro esté casi congelado. Remuévalo una vez más y divida el granizado entre 4 copas. Sírvalo adornado con la naranja y la menta.

TARTA
DE PACANAS

PORCIONES: *12* | **PREPARACIÓN:** *40 min, más enfriado* | **COCCIÓN:** *50-55 min*

INGREDIENTES

MASA

200 g/1⅓ tazas generosas de
harina tamizada sin gluten,
y un poco para espolvorear
25 g/⅛ de taza de harina de arroz
2 cucharadas de azúcar glas
(impalpable) sin gluten
½ cucharadita de goma xantana
¼ de cucharadita de sal
115 g/½ taza de mantequilla,
y un poco más para engrasar
1 huevo batido
2 cucharadas de agua fría

RELLENO

115 g/8½ cucharadas de azúcar
3 huevos grandes
5 cucharadas de jarabe de caña
2 cucharadas de bourbon
50 g/3½ cucharadas de
mantequilla derretida
½ cucharadita de esencia
de vainilla
175 g/2 tazas escasas de pacanas
(nueces pecán o de cáscara
de papel)
helado de vainilla, para
acompañar

1. Precaliente el horno a 180 °C (350 °F). Unte con mantequilla un molde desmontable acanalado de 23 cm (9 in) de diámetro y 4 cm (1½ in) de profundidad.

2. Ponga los dos tipos de harina, el azúcar glas, la goma xantana y la sal en un bol. Añada la mantequilla y amáselo todo con las manos hasta que parezca pan rallado.

3. Haga un hueco en el centro y eche el huevo y un poco de agua. Incorpore poco a poco los ingredientes secos con las manos hasta ligar la masa. Vuélquela en la encimera espolvoreada con harina y trabájela bien. Envuélvala en film transparente y refrigérela de 20 a 30 minutos.

4. Extienda la masa en un redondel de 3 mm (⅛ in) de grosor y colóquela en el molde. Cúbrala con papel vegetal, esparza unas legumbres secas por encima y hornéela 12 minutos hasta que se dore. Retire las legumbres y el papel.

5. Para preparar el relleno, mezcle el azúcar y los huevos en un bol. Vierta poco a poco el jarabe de caña, el bourbon, la mantequilla y la esencia de vainilla. Distribuya las pacanas por la masa horneada, luego vierta el relleno y devuélvalo al horno. Hornéelo de 35 a 40 minutos hasta que se dore y sáquelo del horno. Sirva la tarta templada o fría, con helado de vainilla.

ARROZ CON LECHE TAILANDÉS CON SALSA DE FRAMBUESA

RACIONES: 2 | **PREPARACIÓN:** *15 min, más enfriado* | **COCCIÓN:** *50 min*

INGREDIENTES

150 g/5½ oz de arroz integral

*1 plátano (banana) grande
maduro, troceado*

*100 ml/7 cucharadas de leche
de almendra*

2 cucharadas de sirope de agave

*1 cucharadita de esencia
de vainilla*

150 g/1¼ tazas de frambuesas

*1 cucharada de zumo (jugo)
de limón*

125 g/½ taza de yogur natural

*1 cucharada de pétalos de rosa
secos*

*25 g/¼ de taza escasa de pipas
de calabaza (semillas de zapallo
anco)*

1. Ponga el arroz en una cazuela a fuego fuerte, cúbralo con agua y llévelo a ebullición. Baje el fuego y cuézalo de 40 a 45 minutos, hasta que empiece a estar cocido. Escúrralo y déjelo enfriar.

2. En la batidora, triture el plátano con la leche, 1 cucharada del sirope de agave y la esencia de vainilla con la mitad del arroz. Incorpore el arroz restante y resérvelo.

3. Triture las frambuesas, el resto del sirope y el zumo de limón en la batidora hasta que quede homogéneo.

4. Reparta el arroz entre 2 copas. Añada una capa de la salsa de frambuesa y el yogur. Adórnelo con los pétalos de rosa y las pipas de calabaza, y sírvalo.

HELADO DE FRESA
Y LECHE DE COCO

RACIONES: 6 | **PREPARACIÓN:** *30 min, más congelación* | **COCCIÓN:** *ninguna*

INGREDIENTES

450 g/3 tazas de fresas (frutillas)
sin el rabito y partidas por la
mitad
400 ml/1⅔ tazas de leche de coco
85 g/½ taza de miel fluida
avellana picada, para servir

1. Triture las fresas en el robot de cocina o la batidora de vaso
y pase el puré por el colador sobre un bol para separar las semillas.

2. Añada la leche de coco y la miel al puré de fresa, y bátalo bien.

3. Vierta la crema en una fuente refractaria grande para que quede
en una capa de 2 cm (¾ in), cubra la fuente con film transparente
y déjela en el congelador unas 2 horas, hasta que empiece a cuajar.

4. Triture el helado en el robot de cocina o la batidora de mano
para que se rompan los cristales de hielo. Viértalo en un recipiente
de plástico o un molde rectangular de 900 g (2 lb) de capacidad
forrado con papel vegetal. Tápelo y congélelo 3 o 4 horas, o hasta que
adquiera la dureza de los helados.

5. Sírvalo enseguida o déjelo en el congelador hasta que lo vaya a
consumir. Déjelo descongelar 15 minutos a temperatura ambiente
para que se ablande un poco, repártalo en vasitos o recipientes
individuales y sírvalo avellana picada por encima.

BIZCOCHO DE FRUTA CON NUECES DE MACADAMIA

UNIDADES: *1* | **PREPARACIÓN:** *10 min, más remojado* | **COCCIÓN:** *1 h-1 h y 30 min*

INGREDIENTES

200 g/7 oz de fruta deshidratada
variada picada
350 ml/1½ tazas de té negro
mantequilla, para engrasar
y para servir
100 g/3½ oz de higos
100 g/3½ oz de nueces
de macadamia
la ralladura de 1 naranja
2 huevos batidos
275 g/1¾ tazas y 3 cucharadas
de harina de fuerza sin gluten
200 g/¾ de taza y 2 cucharadas
de azúcar moreno

1. Ponga la fruta deshidratada en un bol y vierta encima el té. Tápelo y déjelo en remojo toda la noche.

2. Al día siguiente, precaliente el horno a 180 °C (350 °F). Engrase un molde alto rectangular de 900 g (2 lb) de capacidad y fórrelo con papel vegetal.

3. Añada a la fruta del bol los higos, las nueces de macadamia, la ralladura de naranja, el huevo, la harina y el azúcar, y mézclelo bien.

4. Vierta la pasta en el molde y alísela con una espátula. Cueza el bizcocho en el horno de 60 a 90 minutos, hasta que, al pincharlo en el centro con un palillo, este salga limpio.

5. Desmóldelo y déjelo enfriar sobre una rejilla metálica. Sírvalo en rebanadas con mantequilla.

BOCADITOS DE CHOCOLATE, CEREZA Y ALMENDRA

UNIDADES: *unas 35* | **PREPARACIÓN:** *10 min, más refrigeración* | **COCCIÓN:** *ninguna*

INGREDIENTES

100 g/7 cucharadas de crema
de almendra sin edulcorar
5 cucharadas de aceite de coco
65 g/12 cucharadas de cacao
en polvo sin edulcorar
6 cucharadas de miel fluida
¼ de cucharadita de sal marina
la pulpa raspada de ½ vaina
de vainilla
60 g/¾ de taza de cerezas
deshidratadas

1. En el robot de cocina, triture la mantequilla y el aceite unos segundos hasta que se mezclen. Añada el cacao en polvo y tritúrelo de nuevo.

2. Incorpore la miel, la sal y la vainilla, y vuelva a triturarlo. Añada las cerezas, perosin triturarlo.

3. Forre una fuente o bandeja llana de 13 x 10 cm (5 x 4 in) con papel vegetal, dejando que este sobresalga al menos 5 cm (2 in) por los extremos. Vierta la pasta en el molde preparado y alísela con una espátula Déjelo en el congelador 1 hora o hasta que se endurezca.

4. Use el papel sobresaliente para retirar la plancha de chocolate de la fuente. Póngala en una tabla y córtela a lo largo en 5 tiras con un cuchillo afilado. Luego, corte cada tira en 7 cuadraditos. Sírvalos enseguida o guárdelos en un recipiente hermético en el frigorífico.

GALLETAS
DE AVELLANA TOSTADA

UNIDADES: *18* | **PREPARACIÓN:** *20 min* | **COCCIÓN:** *10-15 min*

INGREDIENTES

90 g/¾ de taza generosa de azúcar
glas (impalpable) sin gluten
190 g/1¼ tazas generosas de
harina sin gluten, y un poco
para espolvorear
60 g/½ taza de harina de maíz
(elote, choclo) sin gluten
35 g/½ taza de avellana tostada
picada
25 g/¼ de taza de almendra
molida
250 g/1 taza y 2 cucharadas
de mantequilla, y un poco más
para engrasar
½ cucharadita de esencia
de vainilla
azúcar, para espolvorear

1. Precaliente el horno a 180 °C (350 °F). Engrase y espolvoree con harina 1 o 2 bandejas de horno y fórrelas con papel vegetal.

2. Ponga los ingredientes secos en un bol e incorpore la mantequilla y la esencia de vainilla hasta que se forme una masa.

3. Vuélquela en la encimera espolvoreada con harina y trabájela con suavidad. Extiéndala en un círculo de 1 cm (½ in) de grosor. Con un cortapastas de 7 cm (2¾ in) de diámetro, corte de 16 a 18 redondeles y dispóngalos en la bandeja.

4. Hornee las galletas de 10 a 15 minutos, hasta que se doren. Sáquelas del horno y espolvoréelas con azúcar aún calientes. Páselas a una rejilla metálica y deje que se enfríen.

TARTA DE CHOCOLATE
Y FRAMBUESA

PORCIONES: *12* | **PREPARACIÓN:** *20-25 min* | **COCCIÓN:** *45-50 min*

INGREDIENTES

margarina, para engrasar

300 g/2 tazas de harina sin gluten

50 g/⅔ de taza de cacao en polvo
  puro sin edulcorar

1 cucharadita de levadura en polvo
  sin gluten

1 cucharadita de bicarbonato
  sin gluten

½ cucharadita de sal

300 g/1¼ tazas y 2 cucharadas
  de azúcar

375 ml/1½ tazas generosas de leche

125 ml/½ taza de aceite vegetal

7 cucharadas de mermelada
  de frambuesa

1 cucharadita de esencia
  de vainilla

COBERTURA

40 ml/2½ cucharadas de leche

85 g/3 oz de chocolate negro
  sin gluten en trocitos

60 g/½ taza generosa de azúcar
  glas (impalpable) sin gluten

1 cucharada de jarabe de arce

frambuesas, para adornar
  (opcional)

1. Precaliente el horno a 180 °C (350 °F). Engrase un molde de 23 cm (9 in) de diámetro y fórrelo con papel vegetal.

2. Tamice la harina, el cacao, la levadura y el bicarbonato en un bol grande, e incorpore la sal y el azúcar. Vierta la leche en una cazuela y añada el aceite, la mermelada de frambuesa y la vainilla. Caliéntelo a fuego medio y bátalo con unas varillas. Incorpórelo a los ingredientes secos y mézclelo bien.

3. Pase la pasta al molde y cueza el bizcocho 45 minutos, hasta que al pincharlo en el centro con una brocheta, esta salga limpia. Déjelo enfriar del todo en una rejilla metálica.

4. Para preparar la cobertura, caliente la leche en un cazo a fuego medio y, cuando rompa a hervir, añada el chocolate y remueva hasta que se derrita. Apártelo del fuego e incorpore el azúcar glas y el jarabe de arce. Déjelo enfriar y extiéndalo sobre la tarta. Si lo desea, adorne la tarta con frambuesas antes de servirla.

TARTA DE MIEL, NARANJA Y JUDIONES

PORCIONES: *8* | **PREPARACIÓN:** *25 min* | **COCCIÓN:** *45 min*

INGREDIENTES

mantequilla, para engrasar

400 g/1½ tazas de judiones (frijoles grandes) cocidos, escurridos y enjuagados

175 g/¾ de taza generosa de azúcar

3 huevos

150 g/1 taza generosa de harina de fuerza sin gluten

1 cucharadita de miel fluida

la ralladura de 2 naranjas

25 g/1⅔ cucharadas de coco rallado

1 cucharadita de levadura en polvo sin gluten

COBERTURA DE COCO Y NARANJA

400 ml/1⅔ tazas de leche de coco enlatada, refrigerada toda la noche

55 g/½ taza de azúcar glas (impalpable) sin gluten, tamizada

la ralladura de 1 naranja

25 g/¼ de taza de almendra laminada tostada

1. Precaliente el horno a 180 °C (350 °F). Engrase un molde de 18 cm (7 in) de diámetro y fórrelo con papel vegetal.

2. En el robot de cocina, triture los judiones con el azúcar y luego añada los huevos de uno en uno. Incorpore la harina y la miel, sin dejar de triturar. Agregue la ralladura de naranja, el coco y la levadura.

3. Pase la mezcla al molde y hornéelo entre 35 y 40 minutos, hasta que se dore.

4. Sáquelo del horno y déjelo enfriar en el molde 10 minutos. Después, póngalo en una rejilla metálica para que se enfríe del todo.

5. Para preparar la cobertura, saque de la lata el coco sólido usando una cuchara y desechando el líquido. Ponga la nata en un bol y bátala 2 o 3 minutos con las varillas eléctricas. Incorpore el azúcar glas y mézclelo con suavidad.

6. Parta el bizcocho por la mitad en sentido horizontal y extienda la cobertura sobre la parte superior de una mitad. Ponga la otra mitad sobre la primera y cúbrala con el resto de la mezcla. Esparza por encima la ralladura de naranja y la almendra laminada, y sírvalo.

MAGDALENAS
DE ARÁNDANOS Y AVENA

UNIDADES: *9* | **PREPARACIÓN:** *20 min* | **COCCIÓN:** *20-25 min*

INGREDIENTES

*250 ml/1 taza de zumo (jugo)
de naranja sin azúcar añadido*
*600 g/6¾ tazas de copos de avena
sin gluten*
100 g/7 cucharadas de azúcar
*200 g/1⅓ tazas generosas de
harina sin gluten tamizada*
½ cucharadita de goma xantana
*1½ cucharadita de levadura
en polvo sin gluten*
*½ cucharadita de bicarbonato
sin gluten*
½ cucharadita de canela
*¼ de cucharadita de especias
variadas*
125 ml/½ taza de aceite vegetal
1 huevo batido
1 cucharadita de glicerina
*175 g/1¼ tazas de arándanos
(moras azules)*
azúcar demerara, para espolvorear

1. Precaliente el horno a 180 °C (350 °F). Coloque 9 moldes de papel en los huecos de un molde múltiple para magdalenas.

2. Mezcle en un bol el zumo de naranja con los copos de avena.

3. En otro bol, mezcle el azúcar con la harina, la xantana, la levadura, el bicarbonato, la canela y las especias. Añada el aceite, el huevo y la glicerina y mézclelo bien. A continuación, eche la pasta de avena y los arándanos e incorpórelo todo con suavidad.

4. Reparta la pasta entre los moldes de papel y esparza el azúcar demerara por encima.

5. Cueza las magdalenas en el horno de 25 a 30 minutos, hasta que al pincharlas en el centro con un palillo, este salga limpio. Retírelos y déjelos enfriar en una rejilla metálica.

PAN DE
SIETE CEREALES

UNIDADES: *1* | **PREPARACIÓN:** *20 min, más leudado* | **COCCIÓN:** *40-45 min*

INGREDIENTES

mantequilla, para engrasar

*60 g/7 cucharadas de harina
de amaranto*

*120 g/¾ de taza de harina de arroz
integral*

120 g/1 taza de harina de sorgo

*60 g/½ taza de harina de maíz
(elote, choclo) sin gluten*

*60 g/7 cucharadas de harina
de tapioca*

*20 g/1¾ cucharadas de semillas
de chía molidas*

100 g/3½ oz de linaza molida

2 cucharaditas de goma xantana

*2 cucharaditas de levadura seca
instantánea sin gluten*

1 cucharadita de sal

3 huevos

1 cucharada de aceite vegetal

2 cucharadas de azúcar

240 ml/1 taza de agua templada

*10 g/1½ cucharadas de pipas
(semillas) de girasol*

1. Engrase con mantequilla un molde rectangular de 450 g (1 lb) de capacidad.

2. Mezcle en un bol los cincos tipos de harina, la chía, la linaza, la xantana, la levadura y la sal.

3. En otro bol, mezcle los huevos con el aceite, el azúcar y el agua. Añada los ingredientes secos al bol con el huevo y mézclelo bien hasta ligar la masa.

4. Pase la masa al molde, esparza las pipas de girasol por encima y cúbrala con un paño de cocina limpio y húmedo. Deje que repose 1 hora en un lugar cálido. Precaliente el horno a 180 °C (350 °F).

5. Destape la masa y hornee el pan de 40 a 45 minutos, hasta que se dore. Sáquelo del horno y déjelo enfriar antes de desmoldarlo.

BOLLOS DE CANELA
Y CEREZA

UNIDADES: *8* | **PREPARACIÓN:** *15 min* | **COCCIÓN:** *20 min*

INGREDIENTES

*250 g/1¾ tazas de harina de fuerza
    sin gluten*

*1 cucharadita de levadura en polvo
    sin gluten*

*50 g/3½ cucharadas de
    mantequilla*

50 g/3½ cucharadas de azúcar

*50 g/⅓ de taza de cerezas
    deshidratadas troceadas*

½ cucharadita de canela molida

2 huevos

150 ml/⅔ de taza de leche

*1-2 cucharadas de azúcar
    demerara, para espolvorear*

*nata montada (crema batida
    o chantillí) y mermelada,
    para servir*

1. Precaliente el horno a 200 °C (400 °F). Forre la bandeja del horno con papel vegetal.

2. Tamice la harina y la levadura en un bol. Incorpore la mantequilla trabajándola con los dedos hasta que la mezcla adquiera consistencia de pan rallado. Incorpore el azúcar, las cerezas y la canela.

3. En otro bol, bata uno de los huevos con la leche. Échelo en el bol con la mezcla de harina y bátalo hasta que quede homogéneo.

4. Con una cuchara de helado o un cucharón, ponga 8 montoncitos de la mezcla en la bandeja preparada. Bata el huevo restante con un tenedor, píntelos y espolvoréelos con el azúcar demerara.

5. Cueza los bollos en el horno precalentado de 15 a 18 minutos, hasta que empiecen a dorarse. Sáquelos de la bandeja y déjelos enfriar en una rejilla metálica. Sírvalos templados con nata y mermelada.

PAN DE QUESO
Y RÁBANO PICANTE

UNIDADES: *1* | **PREPARACIÓN:** *20 min* | **COCCIÓN:** *45 min*

INGREDIENTES

500 g/3½ tazas de harina para pan sin gluten, y un poco más para espolvorear

2 cucharaditas de bicarbonato sin gluten

1 cucharadita de sal marina

175 g/6 oz de chirivías (pastinacas) peladas y ralladas

100 g/1 taza escasa de queso cheddar curado rallado

40 g/1½ oz de rábano picante rallado

400 ml/1⅔ tazas de suero de mantequilla

1-2 cucharadas de leche (opcional)

1. Precaliente el horno a 200 °C (400 °F).

2. Tamice la harina y el bicarbonato en un bol grande, e incorpore la sal, la chirivía, el queso y el rábano. Haga un hoyo en el centro y vierta el suero, sin dejar de remover. Si fuera necesario, agregue 1 o 2 cucharadas de leche para ligar la masa; que debe quedar suave y un poco pegajosa.

3. Dele forma redonda y, con el mango de una cuchara de madera espolvoreado con harina, presione la superficie de la masa hasta llegar a la mitad para dejarle una muesca. Repita el procedimiento para formar una cruz.

4. Hornéelo en la bandeja del horno 45 minutos, hasta que esté cocido. Deje que se enfríe un poco antes de servirlo en rebanadas.

TRUFAS DE COCO, CACAO Y AVELLANAS

UNIDADES: *20* | **PREPARACIÓN:** *25 min* | **COCCIÓN:** *ninguna*

INGREDIENTES

85 g/⅔ de taza de avellanas sin escaldar

55 g/2 oz de virutas de cacao, y 1 cucharada más para rebozar

6 higos secos troceados

25 g/¼ de taza de coco rallado, y 2 cucharadas más para rebozar

1 cucharada de jarabe de arce

la ralladura fina y el zumo (jugo) de ½ naranja pequeña

1. Triture las avellanas y las virutas de cacao en el robot de cocina hasta que estén bien molidas.

2. Añada los higos, el coco, el jarabe de arce y la ralladura de naranja, y tritúrelo bien hasta que la pasta forme una bola.

3. Saque la pasta del robot, divídala en 20 porciones iguales y deles forma de bola.

4. Pique bien el resto de las virutas de cacao y mézclelas con el resto del coco encima de una hoja de papel vegetal o de un plato llano. Reboce las trufas de una en una y póngalas en un recipiente pequeño de plástico. Consérvelas refrigeradas hasta 3 días.

CUADRADITOS
DE TOFFEE AL TAHÍN

UNIDADES: *16* | **PREPARACIÓN:** *20 min, más remojo y refrigeración* | **COCCIÓN:** *ninguna*

INGREDIENTES
BASE
40 g/1½ oz de manzanas
semideshidratadas
200 g/7 oz de dátiles deshuesados
(descarozados)
100 g/¾ de taza de almendras
1 cucharadita de aceite de coco
¼ de cucharadita de sal marina

TOFFEE
100 g/¾ de taza de anacardos
(castañas de cajú, nueces
de la India)
115 g/4 oz de dátiles deshuesados
(descarozados)
4 cucharadas de aceite de coco
2 cucharadas de tahín (tahine,
puré de sésamo) claro sin gluten
3 cucharadas de jarabe de arce

COBERTURA DE CHOCOLATE
4 cucharadas de aceite de coco
4 cucharadas de jarabe de arce
2 cucharaditas de sirope de dátil
4 cucharadas de cacao crudo
en polvo
½ cucharadita de la pulpa raspada
de 1 vaina de vainilla

1. Forre un molde cuadrado de 15 cm (6 in) de lado con papel vegetal, dejando que este sobresalga 5 cm (2 in) por los extremos.

2. Para preparar la base, deje en remojo la manzana 5 minutos, escúrrala y tritúrela en el robot de cocina con el resto de los ingredientes hasta que los dátiles y las almendras queden picados y la mezcla, pegajosa. A continuación, páselo a la base del molde y presiónelo bien. Déjelo en el congelador 15 minutos como mínimo.

3. Para preparar el toffee, triture bien los anacardos y los dátiles en el robot de cocina. Añada el aceite, el tahín y el jarabe de arce, y tritúrelo hasta que se forme una pasta homogénea. Si fuera necesario, agregue 1 o 2 cucharadas de agua para que la pasta adquiera una consistencia más fluida y tritúrelo de nuevo. Extienda el toffee sobre la base y déjelo en el congelador 1 hora más.

4. Para preparar la cobertura de chocolate, caliente el aceite, el jarabe de arce y el sirope de dátil en un cazo a fuego medio-lento e incorpore el cacao y la vainilla. Remuévalo hasta que se forme una salsa satinada. Viértalo sobre el toffee frío y déjelo en el congelador 1 1 hora o hasta que la cobertura esté dura.

5. Desmóldelo y córtelo en 16 cuadrados sobre una tabla de cortar. Póngalos en un recipiente hermético, refrigérelos y consúmalos en el plazo de 7 días.

ÍNDICE ANALÍTICO

···· ✕ ····

This edition published by Parragon Books Ltd in 2017
and distributed by:

Parragon Inc.
440 Park Avenue South, 13th Floor
New York, NY 10016, USA
www.parragon.com

ISBN 978-1-4748-8698-7

Impreso en China/Printed in China

Edición: Fiona Biggs
Traducción: Juan Ignacio Luque para Delivering iBooks
& Design
Redacción y maquetación: Delivering iBooks & Design,
Barcelona

Notas para el lector:

En este libro las medidas se dan en el sistema métrico así
como en cucharadas, cucharaditas o tazas. Para términos
que difieren según la región, hemos añadido variantes en
la lista de ingredientes. Se considera que 1 cucharadita
equivale a 5 ml y 1 cucharada, a 15 ml. Si no se da otra
indicación, la leche será siempre entera; los huevos, grandes;
las frutas y las verduras u hortalizas, de tamaño medio, y la
pimienta, negra y recién molida. Si no se da otra indicación,
los tubérculos deberán lavarse y pelarse.

Los tiempos indicados son orientativos. Los tiempos de
preparación pueden variar de una persona a otra
según su técnica culinaria; asimismo, también pueden variar
los tiempos de cocción.

Aunque se ha hecho todo lo posible por garantizar que la
información que aparece en este libro sea precisa y esté
actualizada en el momento de su publicación, el lector debe
tener en cuenta los siguientes puntos: los conocimientos
médicos y farmacéuticos están en constante evolución,
y el editor no puede garantizar que el contenido del libro
sea preciso o apropiado. En cualquier caso, este libro
no pretende ser, ni el lector debería considerarlo, algo
que pueda sustituir al consejo médico antes de hacer
un cambio drástico en la dieta. Por esas razones, y en el
marco de la legalidad vigente, el editor: (i) declina cualquier
responsabilidad legal en relación con la precisión o la
adecuación del contenido de este libro, incluso cuando
se expresa como «consejo» u otras palabras de significado
semejante; y (ii) se exime de cualquier responsabilidad
ante posibles percances, daños o riesgos debidos, como
consecuencia directa o indirecta, al uso o aplicación de
los contenidos de este libro.

El editor ha seleccionado cuidadosamente las recetas
para asegurarse de que incluyen productos sin gluten. En
el caso de los ingredientes preparados susceptibles de
contener gluten, se ha especificado «sin gluten» para que
el lector busque estas variedades en concreto. Aun así, lea
atentamente las etiquetas y, si fuera necesario, consulte sus
dudas con el fabricante.